U0044709

刘 静

著

中国移动游戏玩家
为什么会转换？

基于推-拉-系泊
（Push-Pull-Mooring）
模型与投资模型的实证研究

目录

表目录 IV

图目录 VI

致谢 i

摘要 v

一、绪论 1

    1. 研究背景与研究目的 1

    2. 研究方法和结构 6

二、文献回顾和理论背景 8

    1. 网络游戏 8

    2. 移动游戏 10

    3. 转换行为和转换意愿 14

    4. 迁移理论 17

    5. 推-拉-系泊（Push-Pull-Mooring）模型 21

    6. 投资模型 32

    7. 研究变量 37

三、研究模型和假设发展 51

　1. 研究模型 51

　2. 研究假设 52

四、研究方法 64

　1. 研究工具的发展 64

　2. 参与者与过程 65

五、数据分析 67

　1. 人口统计资料 67

　2. 描述性统计分析 70

　3. 信度分析 72

　4. 效度分析 75

　5. 模型拟合优度 77

　6. 共同方法变异检验 78

　7. 假设检验 80

　8. 稳健性检验 92

六、讨论和结论 96

　　1. 讨论 96

　　2. 理论贡献 107

　　3. 实践贡献 110

　　4. 结论 115

　　5. 局限性与未来研究方向............................ 117

参考文献 120

附录（调查问卷）..................................... 150

表目录

表 2-1　关于 PPM 模型的先行研究 26

表 2-2　关于投资模型的先行研究 35

表 2-3　先前研究者对自变量、中介变量和因变量的定义 49

表 3-1　假设汇总 63

表 4-1　构念的操作化定义 65

表 5-1　人口统计描述（N=240）...68

表 5-2　移动游戏使用行为分析 69

表 5-3　各构念的平均值和标准差（N=240）.......................70

表 5-4　正态性检验 71

表 5-5　因子分析结果 73

表 5-6　信度分析及方差解释 74

表 5-7　聚敛效度 75

表 5-8　区别效度 77

表 5-9　结构模型的拟合指标 78

表 5-10　共同方法变异检验 80

表 5-11　直接效应的结果 81

表 5-12　多元相关平方 82

表 5-13　调节效应 83

表 5-14　间接效应 87

表 5-15　承诺的中介作用检验...88

表 5-16　标准化的直接效应，间接效应与总效应.........................90

表 5-17　直接效应的稳健性检验.......................................93

表 5-18　调节效应的稳健性检验.......................................94

表 5-19　在不同阶段直接和间接效应的稳健性检验...................95

图目录

图 2-1　推 - 拉 - 系泊（PPM）模型..23

图 2-2　投资模型..32

图 3-1　研究模型..52

图 5-1　理论模型和共同方法变异模型................................79

图 5-2　习惯对相对挑战和转换意愿的调节作用.............84

图 5-3　推 - 拉 - 系泊效应在不同阶段的影响...................91

图 5-4　假设检验结果..92

致谢

　　人生当中有一些事情是终生难忘的，比如我在韩国湖西大学的2年半的学习经历。这段经历改变了我以前的轨迹，成为我的人生中一笔非常宝贵的财富。它就像夜晚皎洁的月亮，照亮了我曾经的茫然的行程。

　　湖西大学是一所非常漂亮的大学。尤其是牙山校区，依山傍水，人杰地灵。这里有着纯净湛蓝的天空，这里有着四季如画的风景。我非常喜欢这里。在湖西大学，我不仅收获了系统而丰富的专业知识，还深切地领略到了教授们独特的人格魅力。

　　2020年是非常特别的一年。在这一年中，全世界的人民正在经历着前所未有的劫难——新冠肺炎疫情。不得不承认，如何彻底地战胜它仍然是一个非常大的挑战。从另外一个角度来说，它也提醒我们应当更加珍爱健康与生命，更加关爱我们的家人与朋友。

　　从总体上看，新冠肺炎疫情降低了全球经济发展的速度。但是在2020年的上半年，在"宅经济"的影响下，全球移动游戏产业却出乎意料地得到了迅猛的发展。

　　移动游戏将世界各地的人们联系在一起，不分种族与党派，无论性别与年龄，无关社会地位与职业。除了游戏等级与角色的差异，在这里，所有的人都是平等的。在移动游戏中，人们更关心的是个人游戏技能的表现，以及与群体成员及其他玩家的互动。

在这个虚拟的世界中人们的迁移不是因为战争与炮火，饥饿或贫穷。他们之所以离开当前的移动游戏可能仅仅是由于一种心理状态，如对当前移动游戏的不满，或者是由于其它移动游戏更有吸引力。对移动游戏玩家迁移的原因的好奇，是我进行研究的原始的驱动力。同时，选择这个主题也是为了能够追随我的导师이종만教授所做的一个从未后悔过的决定。

我是如此地敬重与感激我的导师이종만教授。이종만教授是一位慈爱的长者，也是一位风度翩翩的绅士，一位博学的学者，更是一位严谨的指导教授。在创作过程中，从确认研究主题、收集文献、选取变量、设计问卷的题项、构建模型、实证分析直至讨论结果，이종만教授自始自终都给予了我耐心且精心的指导。

在研究过程中，이종만教授一直鼓励我。对于我提出的每一个问题，无论在平日还是周末，无论在夜晚还是凌晨，이종만教授总是及时、详细地予以答复，从不曾有过一句抱怨，更不曾有过一句责备。이종만教授帮我打开了一扇大门，让我看到了更广阔、更精彩的学术世界。能够

成为이중만教授的学生，我是何其幸运！

再勇敢的士兵也无法单独赢得一场战役的胜利。我能够顺利地完成湖西大学的学业是因为有太多的人在背后默默地给予了我支持和帮助。

我真诚地感谢我的学位论文委员会的委员长박기호教授及及各位教授委员：송경석教授，강소라教授及박성원教授。他们从不同的角度提出的独特而敏锐的评论丰富了我对研究主题的见解。他们还引导我更全面、更细致地对待学术研究。我是幸运的，因为站在这些巨人的肩膀上，我才得以看得更远。

我非常感谢湖西大学数字技术管理专业的各位教授。特别是박기호教授。作为主任教授，박기호教授除了向我们传授非常丰富的专业知识，还给了我们非常有力的、各种各样的帮助和支持；채성욱教授让我进一步了解到关于社交媒体的知识；在송경석教授的课程上，我学会了应用SPSS进行数据分析；이용훈教授让我学习到了更多的关于问卷设计与测量工具的知识；강소라教授引起了我对电子商务的更多的兴趣；김연정教授促进了我对融合媒体的理解；김유정教授增加了我对数字平台的认识。

我也必须向박설호副校长以及国际交流处的陈国华教授和尹昭正主任表达我诚挚的谢意。他们对我在湖西大学的学习和生活给予了非常多的关怀与帮助。

多谢我的这些朋友：汪彬彬，胡德同，刘克芳，任高飞，戴传刚和张加红，在学位论文的实证分析过程中，他们给予了我无私的帮助。

此外，还有许多朋友在我生命的不同时期给予了我不同的温暖。结草衔环，铭感不忘。

我要向我的父母跪拜致谢。留学期间父母格外担忧我的安全与健康，即使远隔万里，我也总能收到他们的惦念与关心。

我非常感谢我的姐姐。她不仅在精神上支持我，在经济上也给了我很多的资助。

我极其感谢我的丈夫。在我求学期间，他一个人扮演了爸爸、妈妈、教师、厨师、护士及清洁工等多个角色。有了他的呵护，我们的女儿的笑容才如此天真而灿烂，她的性格才如此坚毅而阳光。

每次看到在我来韩国前我的女儿为我制作的手链时，就会忍不住泪流满面。在她最需要陪伴的年龄，在她偶尔生病最想依偎在妈妈怀里的时候，我都没在她的身旁。她曾经用她那稚嫩的声音鼓励我：妈妈，早点完成学业、早点回来……

再次向所有曾经给予我帮助和支持的人表示真诚的感谢，祝愿你们幸福安康!!

刘静

摘要

　　本研究通过对中国240名移动游戏玩家在线调查数据的分析，应用推-拉-系泊（Push-Pull-Mooring）模型和投资模型探讨影响移动游戏玩家转换意愿的因素。

　　从推-拉-系泊模型的框架来看，对当前移动游戏的不满能够推动玩家离开当前的移动游戏，更有挑战的其它移动游戏能够拉动玩家离开当前的移动游戏。习惯作为系泊因素能够影响玩家的转换决定。在当前的移动游戏中已经形成较强的习惯的玩家，更有可能抵制或忽略更有挑战性的其它移动游戏，继续留在当前的移动游戏而不是迁移到其它移动游戏。

　　从投资模型的框架来看，对当前的移动游戏越不满意，可替代的移动游戏的质量（相对挑战）越高，以及在当前的移动游戏内的投资规模（习惯和桥接社会资本）越低，玩家对当前的移动游戏的承诺水平就越低，继而越有可能转换到其它移动游戏。更有意义的发现是承诺作为投资模型的核心构念，在不满、投资规模（习惯和桥接社会资本）和替代者质量（相对挑战）与转换意愿之间发挥着极其重要的间接作用。当玩家不太满意与当前的移动游戏的关系时，或者发现了更有吸引力的可替代的移动游戏时，如果他们认为自己已经在当前的移动游戏中投资了很多（如时间，精力，金钱），将更倾向于留在当前的移动游戏而不愿转换到其它移动游戏开始一段新的关系。

实证结果表明，本研究的框架与推-拉-系泊模型与投资模型的研究结果保持了高度的一致性，证实了它们能够很好地应用于移动游戏情境。

关键词： 移动游戏；转换意愿；推-拉-系泊模型（Push-Pull-Mooring model、PPM模型）；投资模型；中国

一、绪论

1.研究背景与研究目的

研究背景

随着互联网技术的发展，人们对信息系统的使用已不再简单地以办公为目的（Liu, J. & Lee, 2020）。越来越多的人使用基于互联网技术的投资、购物、社交、游戏甚至医疗保健等功能。我们不得不承认，互联网与人们的生活有着非常密切的联系。据统计，2019年全球互联网用户为45.4亿人（同比增长3.5%），占全球人口的近60%（APUS, 2020）。用户每天使用智能手机的平均时间是5.4小时，日均打开18.3次（APUS, 2020）。

随着互联网的蓬勃发展，网络游戏作为一种新兴的网络文化（Chang, B.-H. et al., 2016）已经成为全球性的娱乐活动（Liao et al., 2016）。与此同时，伴随着智能手机与无线通信技术的发展，移动游戏也受到了越来越多的人的喜爱。到2020年底，全球游戏的收入（包括数字、实体、硬件和配件），将为1593亿美元（同比增长9.33%）（Newzoo, 2020）。移动游戏将以48%（778亿美元）的占比居全球游戏收入的榜首（Newzoo, 2020）。同时，全球游戏玩家的数量将达到27亿，其中移动游戏用户为25亿，占92.6%（Newzoo, 2020）。2019年全球移动游戏市场规模为681.6亿美元，中国以31.63%位居第一，其次是美国（17.52%）和日本（16.82%）（Forward, 2020）。可见，中国的移动游戏产业在全球的移动游戏市场中占据着非常重要的位置。

到2020年6月，中国移动游戏市场的收入为1206.32亿元，同比增长40.85%（Analysis, 2020），其中一个重要的原因是新冠病毒疫情期间的"宅经济"增强了人们对游戏的兴趣。2020年上半年，中国自主研发的移动游戏在国外市场的实际销售收入达75.89亿美元，同比增长36.32%（China Internet Network Information Center, 2020）。截止到2020年6月,中国移动游戏用户规模已达6.51亿，同比增长3.2%（CGIGC, 2020）。其中25-30岁的移动游戏玩家占26.5%，31-35岁的占23.9%，24岁及以下的占20.6%，

36-40岁的占20%（Iimedia, 2020）。就市场结构而言，截止到2020年6月，腾讯游戏占据了中国移动游戏市场总收入的54.46%，网易游戏与三七互娱分别占15.29%和10.51%（Analysis, 2020）。大型多人在线角色扮演类游戏占据中国移动游戏产品数量的54%，其收入占中国移动游戏市场的45.5%（Forward, 2020）。

截止到2020年上半年，中国新增游戏企业超过2.2万家，平均每天新增游戏企业122家（China Internet Network Information Center, 2020）。这期间，新发布了383款移动游戏产品（Analysis, 2020），平均每天就有2.13个新的移动游戏上市。新的移动游戏层出不穷，玩家能够广泛接受的却只有少数（Ramírez-Correa et al., 2019）。

面对如此激烈的竞争市场，如何才能生存并得以持续发展是每一个移动游戏开发商和营销商必须考虑的问题。每个组织都有广泛的利益相关者。由于时间，金钱和人力资源等资源有限，运营商必须明确确定谁是利益相关者（Lebres, Rita, Moro, & Ramos, 2018），并根据这些利益相关者制定业务和产品开发策略。毫无疑问，最重要的利益相关者是客户（Kinnunen et al., 2014; Majava et al., 2014）。实现组织目标的过程也是满足客户需要的过程，以客户为导向的组织应当将客户的需求和满意度放在优先的位置（Lebres et al., 2018），并通过各种技术发现客户的需求

（Majava et al., 2014）。

　　同样地，移动游戏行业也需要慎重考虑其有限资源在多个利益相关者之间的分配问题，并在组织的长期和短期目标之间找到平衡，以实现可持续运行。成功的移动游戏公司的一个特征就是能够满足玩家的需求（Lebres, Rita, Moro, & Ramos, 2018），以实现满意，并尽可能地维持住现有客户,减少客户流失。一项研究发现49.6%的玩家认为中国的移动游戏同质化严重，37.8%的玩家认为玩法单一（Iimedia, 2020）。

　　应用内购买在游戏产业中扮演着越来越重要的角色。2019年全球手机用户在游戏应用内购买上的花费超过650亿美元（Hootsuite, 2020）。移动游戏供应商的收入有两种来源:付费订阅和向玩家出售强大的虚拟物品（Hou, Avus C.Y. et al., 2009）。Borbora（2015）将玩家的流失分为二种：取消预订和休眠。取消意味着玩家不再更新订阅或取消停止在游戏中的付费行为，休眠则意味着玩家停止游戏。这二种类型的流失都是玩家脱离游戏体验（失去兴趣或感到无聊）的指标。而转换也会导致玩家暂时或永久性地脱离移动游戏，因此它也应当被视为客户流失行为（Liu, J. & Lee, 2020）。但是目前对于移动游戏玩家转换的研究文献较少，为了填补这一空隙，讨论移动游戏情境中影响玩家转换的因素是非常有必要的。

研究目的

结合以前的文献，本研究提出了以下研究目标：

首先，有哪些因素影响移动游戏玩家的转换意愿？如前所述，转换是非常重要的，但是目前对于移动游戏玩家转换的研究是非常有限的（Hou, Avus C. Y. et al., 2011; Xu, X. et al., 2013）。因此，从更多的角度去探索影响移动游戏玩家转换的因素可能会丰富对该问题的理解。

其次，不满是否会影响网络游戏玩家的转换意愿？很多研究者认为客户转换的原因之一是对目前产品或服务不满（Bansal, Harvir S, 1997; Chuang, 2011; Cristina et al., 2017; Fang & Tang, 2017; Hsu, J. S.-C., 2014），这是很容易理解的。与此相反的是，在另外一些研究中，满意度却不是用户转换到其它产品或服务的原因（García & Rafael, 2019; Ghasrodashti, 2017; Jung, J. et al., 2017）。这是一个令人深思的问题，它提醒我们满意与否不是顾客停留或离开的绝对标准，可能还存在着一些额外的因素影响着用户的决定。

第三，承诺在移动游戏转换过程中扮演着什么样的角色？在试图理解转换时，还应当考虑消费者和服务提供者之间的关系。顾客承诺恰好是关系营销范式的核心概念之一，它反映了一位顾客维持有价值的关系的愿望（Bansal, Harvir S. et al., 2004）。一项研究发现承诺和企业声誉越高，那些对组织不满的员工的忠诚度就越高。也就是说即使顾客不满意也不一定会改变目前的组织（Mbawuni & Nimako, 2016）。

2.研究方法和结构

研究方法

在明确研究主题后，通过大量阅读文献确定了以推-拉-系泊（Push-Pull-Mooring）模型及投资模型为理论基础并提出了研究变量。使用"问卷星"在线制作、发放及回收调查问卷。在剔除无效问卷后，应用SPSS 26.0进行人口统计资料分析。然后通过探索性因素分析提取出了6个因子（不满，习惯，桥接社会资本，相对挑战，承诺和转换意愿）。接着，应用AMOS 25.0检验了样本数据的多元正态性，并应用SPSS 26.0和AMOS 25.0分析了信度、效度以及可能存在的共同方法变异。并在此基础上检验了模型的拟合优度指标、直接效果、调节效果和间接效果。另外，还应用AMOS Bootstrapping检验了样本数据的参数估计值的稳健性。最后，根据数据分析结果进行了讨论。

研究结构

本研究的主要内容可以分为如下6章：

第2章的主要内容为对相关的概念和理论的回顾。首先总结了以前的研究者关于移动游戏的研究，然后回顾了迁移理论，推-拉-系泊模型，投资模型及承诺等理论，最后整理出本研究中可能影响移动游戏玩家转换的因素。

第3章，展示了研究假设和理论模型。

第4章，介绍了研究变量的操作化定义及调查问卷的发放与回收的方法。

第5章，应用SPSS 26.0和AMOS 25.0分析了回收的调查数据。

第6章，总结并解释了研究的结果，提出了本研究的理论及实践性贡献，并指出了本研究存在的局限性以及未来研究的方向。

二、文献回顾和理论背景

1.网络游戏

游戏是一种社会活动。在传统游戏中，玩家基于一种不严肃的状态参照一定的规则有序地在某个时间和空间的适当边界内有意识地自由活动。在游戏的过程中，社会成员之间的联系与情感得到了增强，社会团体得以形成和发展（Ramírez-Correa et al., 2019）。

智能设备与移动通信技术的飞速发展为移动游戏的出现奠定了基础。通过诸如手机类的智能设备，人们足不出户就能够和来自世界各地的成千上万的人一起游戏。于是，一种突破了时间和空间限制的新的游戏形式使移动游戏与传统游戏区别开来。

关于网络游戏，不同的研究者有不同的定义。网络游戏是玩家通过互联网与游戏系统和其他玩家互动的电脑游戏（Liao et al., 2016）。网络游戏是一种玩家通过电脑与互联网与其他玩家进行互动和竞争的虚拟游戏（Chang, B.-H. et al., 2016）。网络游戏不仅是一种兼具网络化和娱乐化的信息技术，也是一种能够带给用户幻想和娱乐的多人游戏（Hsu, C. & Lu, 2004）。网络游戏是一种为人与人之间建立社交关系和开展社会活动的社交媒体（Kim, Y. Y. et al., 2014）。

一般地，网络游戏的画面比较精美，游戏背景具有故事性，甚至有的还与历史和文化相关，动听的音乐总是随着情景的变化而变化。在网络游戏中玩家可以购买虚拟资产以供自己使用或与其他玩家进行交易，玩家之间还可以通过不同的形式（如论坛、战队或氏族等）一起游戏、聊天和交友（Son et al., 2012）。

网络游戏的娱乐性和互动性为玩家带来了一种奇妙的身临其境的感觉，这常常使人们无意识地沉浸其中，尤其是对于年轻人来说，网络游戏已成为他们生活中必不可少的重要娱乐活动（Kim, Y. Y. et al., 2014）。

2.移动游戏

移动游戏被广泛定义为在移动设备上玩的视频游戏（Liang & Yeh, 2010）或应用程序（Merikivi et al., 2017）。一部分学者（Kim, H.-J. et al., 2005; Liang & Yeh, 2010）认为这些移动设备除了包括手机和平板电脑，还应当包括掌上游戏机等，而一些学者（Hsiao & Chen, 2016; Merikivi et al., 2017; Nguyen, 2015）则认为它们不应当被包括在移动游戏的范围之内。本研究认同第二种观点，认为应当将掌上游戏机放在另外一个更加系统的范围内进行研究。因此本研究将移动游戏定义为可以在具有无线网络功能的移动终端设备上（如手机和平板电脑）使用的游戏类应用程序。

从以上关于移动游戏的定义中可以发现与传统游戏和网络游戏类似，移动游戏也具有（1）游戏特征。移动游戏归根结底也是一种游戏，它也具有娱乐性、社会性及互动性等游戏的一般功能；与网络游戏类似，移动游戏还具有传统游戏所不具有的（2）网络特征，因为只有基于互联网才能实现移动游戏的全部的功能；与此同时，与网络游戏有所区别的是移动游戏具有（3）设备的可移动性。移动游戏使用的可移动设备（如手机或平板电脑）因为能够在物理空间中被方便地移动而被应用于各种各样的场景，如家庭、学校、办公室，乘坐公交车或地铁时，甚至是在一场约会中等待朋友时。

移动游戏也会受到一些因素的制约，如更小的屏幕和虚拟键盘，更低的图像分辨率和更低的网络稳定性等（Zhou, 2012）。

诺基亚于1997年推出的一款名为Snake的游戏被视为最早的基于手机的移动游戏（Nguyen, 2015; Synodinos et al., 2017），尽管它非常简单。随着2G和3G技术的普及，移动游戏的复杂性也在增加（Ha et al., 2007）。2007年，iPhone，苹果公司发布的一款多触控界面智能手机使视频游戏成为移动游戏的重要形式。用户可以从应用程序商店下载各种移动服务，包括游戏（Synodinos et al., 2017）。这种新的游戏形式吸引了越来越多的玩家参与移动游戏。

为了更好地理解移动游戏，许多学者已经从不同的研究角度做出了贡献。

硬件与软件环境是保障移动游戏流畅运行及为玩家提供更好游戏体验的基础。为了延长移动设备的电池的使用时间，Anand et al.（2011）应用了色调映射技术动态调整图像亮度，在不显著影响感知游戏质量的情况下能够节省68%的显示电量。无缝设计（Broll & Benford, 2005）和收集地理空间数据（Matyas et al., 2008）被用于研究移动游戏的位置感知功能。

移动游戏不但能为玩家提供乐趣，还能够缓解他们的压力，如果玩家同家人与朋友一起游戏还可以促进彼此间的关系（Kim, Y. Y. et al., 2014）。Spikol and Milrad（2008）应用协同设计将移动游戏作为更大的学习体验的一部分，使传统的学习方式得到了创新。通过将传统的启发示方法应用于移动游戏设计，能够提高糖尿病儿童对健康饮食和生活方式的认识，并促进对儿童健康的教育（Baghaei et al., 2016）。

和大多数事物一样，移动游戏也具有二面性——它在发挥着积极作用的同时难免也会产生一些负面影响。在一项关于网络受害的研究中，为了分析青少年在移动游戏中遭遇欺凌的频率和欺凌的影响程度，以及他们在这些事件之后寻求支持的来源，Przybylski（2019）对2008名英国青少年的游戏习惯和经历进行了研究，结果发现移动游戏中的欺凌行为相对普遍（33.5%），但只有不到十分之一的人经历过严重的反复欺凌（9.3%），男性玩家、少数民族玩家以及那些被看护者认定有行为问题的玩家最有可能报告受到重大伤害。Lintula et al.（2018）运用聚类分析方法对增强现实移动游戏玩家的价值共毁体验进行了研究，认为价值共毁可能由七种类型的原因引起：价值矛盾、未满足的期望、技术挑战、个人或社会规范冲突、持续移动使用的影响、资源的缺失或损失和感知价值不足。

在移动游戏中，玩家想要获得更漂亮的形象，更有战斗力的装备，更强大的技能，除了需要投入更多的时间和精力，可能还要支付一些金钱以购买虚拟物品。已经有研究证明忠诚是能够影响玩家的消费意愿的原因之一（Balakrishnan & Griffiths, 2018）。Hsiao and Chen（2016）指出忠诚度和优惠价格对移动玩家的游戏内购买意愿有显著影响，Yang et al.（2019）表明投机动机和冲动购买动机会导致玩家更大的后悔。Balakrishnan and Griffiths（2018）在考察移动游戏成瘾与忠诚度对游戏内购买意愿之间的关系时发现移动游戏成瘾与忠诚度能够影响用户游戏内购买意愿。

同一视频游戏对不同的玩家可能具有不同的含义或后果（Yee, 2006）。为了使玩家能够更好地融入虚拟世界（Jiang, 2018）并沉浸在游戏中，以便从他们的口袋里掏出更多的钱，市场营销人员和游戏开发商正试图设计更多的经济上有利可图的功能（Balakrishnan & Griffiths, 2018）。

但是，不同的人玩移动游戏的动机总是不尽相同的（Yee, 2006），已有研究证明娱乐性（Erturkoglu et al., 2015; Ha et al., 2007; Liu, Y. & Li, 2011），流（Synodinos et al., 2017; Zhou, 2012），感知有用性（Erturkoglu et al., 2015; Kim, H.-J. et al., 2005），感知易用性（Kim, H.-J. et al., 2005），网络外

部性（Wei, P.-S. & Lu, 2014），社会影响（Baabdullah, 2018; Zhou, 2012），服务质量（Kim, H.-J. et al., 2005），使用成本（Zhou, 2012），立即接续性（Kim, H.-J. et al., 2005），创新性（Kim, H.-J. et al., 2005），自我效能（Kim, H.-J. et al., 2005），主观规范（Synodinos et al., 2017），态度（Liu, Y. & Li, 2011; Synodinos et al., 2017）和玩家的满意度（Jung, W. & Kim, 2016; Wei, P.-S. & Lu, 2014），都能对使用意愿产生影响。

　　然而，将玩家吸引到移动游戏中仅仅是开始，移动游戏公司必须设法让更多的玩家更久地停留在移动游戏中才能获得更多的利润。因为开发一个新客户的成本通常是维持一个老客户的5倍（Hsieh et al., 2012）。移动游戏的提供者不得不关注移动游戏玩家的流失，包括他们中的有些人为什么会转换到其它移动游戏。

3.转换行为和转换意愿

　　在移动游戏领域有些研究者已经关注了玩家的流失。通过对12名玩家的个人采访，研究者发现玩家离开MMORPG的原因包括在游戏中为达到预期目标需要付出非常多的努力，部分玩家使用机器人带来的不公平感及游戏环境的改变，对更新迟缓的游戏缺乏兴奋或乐趣，对游戏的安全性的担忧与不满，社会关系带来的压力，玩家在现实生活中重要人物的态度以及生活方式的改变等（Lee, I. et al., 2007）。Lebres et al.（2018）研究了延迟／性能问题、游戏内特性、社区、服务／支持团队和游戏公平性对玩家退出游戏的影响，其中延迟／性能问题和游戏公平性等变量能够显著预测玩家退出。Jiang（2018）表明参与者对网络游戏的消极感受越强，他们退出游戏的可能性就越大，同时，同龄人对网络游戏的消极态度，对替代品的感知及个人较低的收入都是玩家退出网络游戏的重要预测因素。

转换行为

转换也是一种用户流失行为，与流失不同的是，转换的参与者不是简单地离开当前的产品或服务，而是在离开之后又选择了其它类似的产品或服务。因此产品或服务的提供者不仅要了解这些参与者离开的原因，还要了解他们是如何被其它产品或服务吸引的。顾客转换是关系营销领域的核心概念之一，指的是消费者在服务提供者或企业之间的迁移（Hou, A. et al., 2014; Hou, Avus C. Y. et al., 2011），是完全或部分地用类似的替代产品或服务来替代目前的产品或服务（Bhattacherjee et al., 2012）。服务转换涉及到用另一个服务提供者替换或交换当前服务提供者（Bansal, Harvir S., 1999）。

转换意愿

　　与转换行为有着紧密联系的一个概念是转换意愿，因为个人从事该行为的意愿是行为的近端决定因素（Zhu et al., 2017）。意愿能够很好地预测个人的行为，因为通常情况下个人按照自己的意愿行动，除非受到不可预见的事件的影响（Ajzen, 1985, 1987）。意愿是指建立在未来行动的基础上的个人主观感知到的采取某项行为的可能性，是个人对未来认知行为的网络计划中的一个基本单位（Listyarini et al., 2009），是个人做某些行为的一个非常重要的影响因素（Choi, 2016）。意愿能够随着时间而改变。时间间隔越长，意愿被无法预见的事件改变的可能性就越大（Ajzen, 1985）。转换意愿是由个体对行动过程中的成本和效益的信息的分析来决定的，是一个与顾客保留或再购买意愿相对的概念（Choi, 2016）。转换意愿表示客户主观认为转换到其它产品或服务的可能性（Han et al., 2011; Wirtz et al., 2014）。

　　对于移动游戏而言，玩家可能在某一时间段内同时在玩几款移动游戏。它们的供应者可能相同，也可能不同，它们的内容可能相似，也可能截然不同。这种状态可能会持续相当长一段时间，也可能用不了多久玩家就会由于某些原因由当前主要在玩的某一款移动游戏转换到其它移动游戏。当然，也可能会转换到玩家认为的更有意义的其它活动，因为他们有追求新鲜娱乐的倾向（Hou, Avus C.Y. et al., 2009）。

当玩家试图转换到其它移动游戏，他们势必会减少甚至停止在目前移动游戏中的活动。不仅仅是不再订阅，还有可能减少游戏时间，降低游戏频率，不再参与群体活动，不再购买虚拟资产等。随着玩家热情的减退，转换随时都有可能发生。即使这只是暂时的，也没有人能够明确他们什么时候才能再次返回，并且离开的时间越长，返回的概率将越低。毫无疑问，对移动游戏的开发者和营销者来说，这种转换将会导致市场份额减少、成本增加和盈利能力受损（Bansal, Harvir S., 1999）。因此关注移动游戏玩家的转换意愿是非常重要的。

4.迁移理论

迁移作为一个普遍的社会过程，它超越了个人和稳定文化的预期规范，无论对于移民还是社会来说都是非常重要的事件（Moon, 1995）。迁移被广义地定义为永久或半永久的居住地的改变（Lee, E. S., 1966）。

研究者们区分了不同类别的迁移。移民由原住地迁移到其它地方并居住一段时间后又返回了原住地的人被称为临时迁移，而那些再也没有返回原住地的人被称为永久迁移（Bansal, Harvir S. et al., 2005; Hou, Avus C.Y. et al., 2009; Hou, Avus C. Y. et al., 2011）。大多数的研究者普遍接受对于内部／国内（同一国家内的）迁移与外部／国际迁移（国家间的移民）的观点（Bansal, Harvir S. et al., 2005; Lee, E. S., 1966）。但是研究者很难对迁移必须迁徙的距离形成一致（Moon, 1995）。根据是否符合迁徙者的主观愿望，迁移可以分为自愿迁移和非自愿迁移（Hou, Avus C.Y. et al., 2009）。自愿迁徙者在选择目的地和决定迁移进程时仍然具有很强的自主性，虽然决策可能会受到个体因素的限制或促进。非自愿迁徙者则没有那么幸运。来自自然环境的各种灾害和来自社会环境的战争、动乱等因素，使居民被迫离开原住地（Bansal, Harvir S. et al., 2005; Hou, Avus C. Y. et al., 2011; Listyarini et al., 2009），开始迁移的旅程。

尽管很难定义迁移的时间期限和空间范围（Lee, E. S., 1966）的适宜性，但诸如出差，假期旅行（Bansal, Harvir S. et al., 2005）以及夏天临时迁移到山上的这些临时运动（Lee, E. S., 1966）是不被包含在内的。

人口迁移法则（Law of migration）是最早研究人类迁移的理论（Lee, E. S., 1966）。Ravenstein（1885）在研究英国人口迁移时发现大多数的迁移是为了寻找比他们出生的地方所能提供的报酬更高或更有吸引力的工作。在此基础上，Ravenstein（1889）将研究范围扩大到包括欧洲大陆和北美的20个国家，通过分析它们的内部移民数量以及观察到的迁移的特征（Lee, E. S., 1966），总结出7个在今天看来仍然是非常著名的法则：

(1) 移民以短途迁移为主。

(2) 城镇吸收移民的过程像漩涡，将它的影响力由中心向外逐步扩散到最偏远的地区。快速增长的镇将吸收来自周边农村的移民，而农村人口的空白被来自更偏远地区的移民填补。

(3) 弥散过程与吸收过程相反，并且表现出相似的特征。

(4) 在迁移过程中逆潮流与主要潮流同时存在，但逆潮流的迁移距离稍短，其目的地多为制造业地区。

(5) 能吸引长途移民的通常是较大的工业或商业中心。

(6) 与乡村的原住民相比，城镇的原住民通常更喜欢定居而不是迁移。

(7) 女性比男性更容易迁移。女性不再总是与家庭生活联系在一起，她们由农村迁移到城镇，将工作地点由厨房与洗碗间改变为制造地区的工场。

这个迁移法则可以被概括为迁移的主要动机是为了获得更多的经济利益，迁移距离通常较短，且从农业资源不是很丰富的地区分阶段地迁移至工业中心或商业中心，与传统印象不同的是，女性比男性更容易迁移。换言之，出发地的推动效应和目的地的拉动效应都对原住民产生了非常重要的影响（Hou, Avus C. Y. et al., 2011）。具体地说，迁移既是由于原来居住的环境已无法与原住民的需求相一致，也是由于新居住地的更高利益的吸引，因此迁移法则被视为迁移理论的起点（Lee, E. S., 1966）。

移动游戏中玩家的转换过程与人类迁移的过程是极其相似的。移动游戏中的玩家如同居民，他们以一定的身份（游戏角色）在这个虚拟的国家（游戏）内生活，并受到政治（游戏提供者制定的与游戏相关的制度）、社会（玩家与战队、伙伴及其他玩家之间的关系）、经济（游戏充值与购买虚拟道具）、文化环境（游戏内容的文化背景）等因素的影响。

玩家可能会由于某些原因转换到同一移动游戏运营商的其它移动游戏（内部迁移），或者是转换到其它移动游戏或活动（国际迁移）（Hou, Avus C. Y. et al., 2011）。这种转换可能是玩家自己主动离开的（自愿迁移）也可能是被迫离开的（非自愿迁移），如游戏被关闭。经过了一段时间之后，可能有的玩家会返回原来的游戏（临时迁移），而其他玩家则没有（永久迁移）。因为人们对于目的地的认识水平是不同的（Lee, E. S., 1966）。

非自愿迁移不属于自由迁移（Lee, E. S., 1966）。本研究是基于自愿迁移的视角探讨影响玩家迁移到其它移动游戏的因素。转换意味着玩家由目前的移动游戏转向新的移动游戏，就像居民由原住地迁移到新的目的地。因此将迁移理论应用于本研究是非常合适的。

5.推-拉-系泊（Push-Pull-Mooring）模型

推-拉-系泊（Push-Pull-Mooring）模型是由不同的研究者在迁移理论的基础上累积并发展而来的。

Heberle（1938）在研究德国东部省份农业劳动力从农村向城市迁移的原因时发现，"推"因素不仅与经济困难有关，而且与生活水平、农村社会结构和农业社区有关。城市和工业区对劳动力的需求以及城乡生活文化的差异被认为是"拉"因素，它对农业劳动力的转移具有决定性的影响。在该研究中，Heberle正式提出了"推"和"拉"的理论概念，确立了推-拉（Push-Pull）模型。推-拉模型是移民研究中重要的理论框架之一（Listyarini et al., 2009）。

迁移理论（Ravenstein, 1885, 1889）和推-拉模型（Heberle, 1938）对解释人类迁移行为做出了贡献（Cristina et al., 2017; Hou, Avus C.Y. et al., 2009; Hou, Avus C. Y. et al., 2011），然而，也有研究者对它们提出了批评。因为这些研究更加

关注的是已经迁移的移民，对那些没有迁移的人缺少关注（Listyarini et al., 2009）。另外仅依靠来自原住地的消极因素（被视为"推"因素）和目的地的积极因素（被视为"拉"因素），似乎并不能解释某些现象的原因。例如，尽管存在着原住地的推力和目的地的拉力，为什么有些原住地的家庭却没有迁移，为什么有些已经迁移了的家庭会重新返回原住地（Moon, 1995）。

在一项研究中，Lee, E. S.（1966）认为，影响迁移决策和过程的因素不仅包括"推"（与原籍地有关）和"拉"（与目的地有关），还包括各种中间障碍和个人因素。Lee, E. S.（1966）提出经济因素、人口的多样性和迁移的难易程度与迁移次数有关；出发地和到达地的相似性，所涉及的障碍和经济条件与迁移的流向有关。

Bogue（1977）运用成本-收益理论对芝加哥移民迁移的原因进行了研究，发现移民的迁移决策并不是简单地受到来自原籍地的"推动"因素或来自目的地的"拉动"因素的影响，而是在权衡迁移的利益和成本后做出的理性决策，因此，迁移可以被视为一种合理计划的行动。然而，实际上，当迁移者做迁移／不迁移的决定时并不仅仅是基于权衡成本-收益的结果（Moon, 1995）。

这些早期的研究多数是处在宏观层面理解迁移，聚焦的重点是来自整体的"推"和"拉"的概念，这固然有助

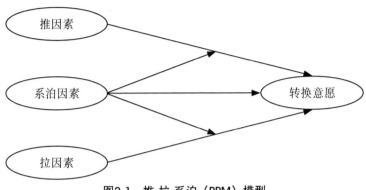

图2-1 推-拉-系泊（PPM）模型

于理解迁移的一般模式，但是移民的个人决策不能从中得到很好的解释（Choi, 2016）。Moon（1995）将系泊因素引入推-拉模型（图2-1），并结合动机理论以及行为认知理论提出了推-拉-系泊（Push-Pull-Mooring）模型。该模型旨在强调个人经验和制度对迁移决策的影响。

"推"因素，指那些导致居民对原居住地感到不满或不适应（Bogue, 1977），迫使居民离开原居住地的消极因素（Hou, Avus C. Y. et al., 2011）。"推"因素是居民对原居住地的某些方面的负面的评价（Moon, 1995），是刺激移民迁移的压力源（Fu, 2011），例如，恶劣的气候（Hou, A. et al., 2014），种族歧视（Bogue, 1977），政治迫害，难以找到配偶，缺乏合适的工作机会，经常发生的自然灾害，自然资源的匮乏，物价的上涨等（Cristina et al., 2017）。

"拉"因素是指将人们吸引到新的目的地的因素（Ghasrodashti, 2017; Jung, J. et al., 2017），是对目的地某些方面的积极评价（Bogue, 1977; Cristina et al., 2017; Hou, A. et al., 2014; Moon, 1995），它可能包括更舒适的气候，更优质的教育资源（Jung, J. et al., 2017），更完善的医疗保健系统（Bogue, 1977），更多的就业机会，更高的收入，更好的居住环境，更多的接触新活动、新环境或新人物的机会等（Fu, 2011）。

系泊因素指具有主观性的由个人因素、社会因素和文化因素组成的影响个人迁移决策的稳定（不稳定）的指标（Moon, 1995）。这些指标能够促进或限制迁移决策（Hsieh et al., 2012; Listyarini et al., 2009; Wang, X.-z., 2018），是迁移决定中最重要的因素（Hou, Avus C.Y. et al., 2009）。系泊因素能够将一个人绑在一个特定的地方（Moon, 1995），或者使其迁移到新的目的地（Lai et al., 2012）。个体经过主观评估后，如果一个人认为在原住地遇到的问题无法在另外一个地方被解决，那么他／她可能选择停留而不是迁移（Moon, 1995）。系泊因素源于个人、文化和社会等各层面，如家庭结构，职业发展机会，家庭收入，文化问题，社交网络，邻近娱乐场所等（Moon, 1995）。

推-拉-系泊（Push-Pull-Mooring）模型（以下简称PPM模型）被认为是研究迁移行为的文献中的主导范式

（Chang, I. C. et al., 2014）。一般地，移民的迁移决策既受到来自宏观层面的"推"和"拉"因素的影响，也受到来自微观层面的系泊因素的影响（Bansal, Harvir S. et al., 2005）。其中原居住地的消极因素（"推"因素）可能会推动人们离开，目的地的积极因素（"拉"因素）可能会吸引人们的到来，而一些与个人，文化和社会相关的因素"系泊"因素）可以使决策者决定是继续停留在原住地还是迁移到新的目的地（Bansal, Harvir S. et al., 2005; Chang, I. C. et al., 2014; Hou, Avus C. Y. et al., 2011）。

在PPM模型中系泊因素是影响迁移决定的最重要的因素（Hou, Avus C.Y. et al., 2009; Moon, 1995）。系泊效应与"推"和"拉"效应的交互作用能够为理解转换意愿提供更完整的解释（Bansal, Harvir S. et al., 2005）。即使个人感知到的"推"和"拉"的效应都很强可能也不会迁移，这是由于环境或情境的限制（Bansal, Harvir S. et al., 2005; Lee, E. S., 1966）。这些约束具有一定的主观性，在个体上的表现不是完全相同的，但是通常情况下它们的作用是相似的（Bansal, Harvir S. et al., 2005）。

迁移理论和PPM模型已经被很多研究者应用在不同的情景（表 2-1），无论是人类的地理迁移活动（Moon, 1995），还是信息技术 （Listyarini et al., 2009; Ye & Potter, 2007, 2011），通讯（Djusmin & Dirgahayu, 2019）、交通

（Jung, J. et al., 2017; Wang, S. et al., 2020）和服务（Bansal, Harvir S. et al., 2005）等。

表2-1　关于PPM模型的先行研究

"推"因素	"拉"因素	系泊因素	情境	作者
低的质量，低的满意，低的价值，低的信任，低的承诺，高的感知价格	替代者吸引力	不利的态度；不利的主观规范；高的转换成本；不频繁的先前转换行为；低的寻求多样性	汽车修理，发型设计服务	Bansal, Harvir S. et al.（2005）
使用的广度，满意	相对优势，易用性	主观规范、转换成本、风险规避	个人信息技术	Ye and Potter（2007）
低的质量，低的满意，低的价值，低的信任，低的承诺，高的价格感知	替代者吸引力	转换态度、主观规范、转换成本、过去行为、低的寻求多样性、情感的结合	小型工业	Listyarini et al.（2009）
娱乐性，满意，感知参与不足	替代者吸引力	转换成本，社会关系，以前的经验	网络游戏	Hou, Avus C.Y. et al.（2009）
对技术质量的不满，对信息质量的不满，对通讯支持的不满，对会员政策的不满	替代者吸引力，同伴影响	准备成本，持续成本	社交网络服务	Zengyan et al.（2009）

"推"因素	"拉"因素	系泊因素	情境	作者
低的娱乐性，低的满意，感知参与不足	替代者吸引力	低的转换成本，弱的社会联系，高的寻求多样性，以前成功的转换经验	网络游戏	Hou, Avus C. Y. et al. （2011）
满意	相对优势，相对易用性，相对安全性	主观规范、转换成本、习惯	信息技术	Ye and Potter （2011）
满意，被淘汰的威胁	可供选择的职业	自我效能	信息技术	Fu（2011）
弱连结，写作焦虑	相对娱乐性，相对有用性，相对易用性	转换成本，过去的经验	社交网络服务	Hsieh et al. （2012）
不便性	同伴影响，替代者吸引力	高的转换成本，低的信任，低的安全性，低的隐私性	移动购物	Lai et al. （2012）
低的信息质量，低的系统质量	替代者吸引力，	转换成本，群体凝聚力	社交网络服务	Hou, A. et al. （2014）
不满（技术质量，信息质量，娱乐价值，社会化支持，会员政策）	替代者吸引力	转换成本（准备成本，持续成本，同伴影响）	社交网络服务	Xu, Y. et al. （2014）

"推"因素	"拉"因素	系泊因素	情境	作者
后悔，不满	替代者吸引力	转换成本（沉没成本，准备成本，持续成本	社交网络服务	Chang, I. C. et al.（2014）
价格高，网络质量差，客户服务差，感知价值低，不方便，整体感知质量低，满意度低	竞争对手的吸引力，竞争对手的声誉	转换成本，态度，同伴影响，好奇，参与使用服务，承诺，可携性	移动通信	Nimako and Ntim（2015）
感知无用性，无效性	替代者吸引力，社会影响	转换成本，个人创新性，使用习惯	网络银行	Choi（2016）
信息搜索行为，搜索效益，搜索成本，感知价值，服务质量，价格	吸引力，特性，质量	自我效能，转换成本	移动购物	Chang, H. H. et al.（2017）
后悔，不满（技术质量、信息质量）	参考网络规模，未来期望，感知互补性，感知兼容性，相似性，创新性	转换成本，准备成本，持续成本	即时通讯软件	Fang and Tang（2017）

"推"因素	"拉"因素	系泊因素	情境	作者
低的服务质量低，定价问题，低的满意度，低的信任度	替代者吸引力，替代者的机会，定价优势	高的转换成本，低的寻求多样性，低转换经验，非自愿选择	航空业	Jung, J. et al.（2017）
满意，承诺，价格	替代者吸引力	转换成本，态度，离线主观规范，在线主观规范	家用电器	Ghasrodashti（2017）
疲劳，不满	替代者吸引力，主观规范	感情承诺，转换成本，习惯	移动即时通讯	Sun et al.（2017）
社会风险，绩效风险，财务风险，时间风险，隐私风险，心理风险	转移信任，临界质量	搜索和评价成本，准备成本，持续成本，社会规范	云存储服务	Wu et al.（2017）
不满，压力，同伴影响	替代者吸引力	转换成本s，自尊，孤独，家庭干预	网络游戏	Jiang（2018）
失业，对生活不满，对民主不满，社会认可，学习成绩差	市场机会，自主性	主观规范，自我效能，风险容忍度，对创业的态度，财政资源，政府支持	创业意愿	Ojiaku et al.（2018）
不满	吸引力	转换成本	社交媒体	Xiao and Caporusso（2018）
不确定性	吸引力	转换成本，对替代品的兴趣	零售商	Li, Y. et al.（2018）

"推"因素	"拉"因素	系泊因素	情境	作者
工资低，工作时间长，工作超负荷，职业发展缓慢，人际关系紧张，情绪劳动，工作干扰个人生活，个人生活干扰工作	创意产业，社会地位，旅游机会，结识人的机会，社区适应	个人生活参与、社区适应	酒店	Haldorai et al. （2019）
低的质量，不满	主观规范，替代者吸引力	情感性承诺知觉控制，知觉熟悉度，自主投资	移动即时通讯	Djusmin and Dirgahayu （2019）
安全风险，隐私风险	习惯，持续成本，评估成本，学习成本，准备成本	参考网络大小，总网络大小，互补性，简单性，实用性，技术兼容性，生活方式兼容性，享受	云存储服务	Cheng et al. （2019）
低的有用性，功能简单，感知效率低	互动性，体验性，享受	个人创新性	增强式虚拟现实	Kim, S. et al. （2019）
个人特征，家庭特征，土地及宅基地状况，社会经济状况	城市适应性，城市吸引力	所有权的认知，政策的认知	农村宅基地	Fan and Zhang （2019）

"推"因素	"拉"因素	系泊因素	情境	作者
对目前的住房的不满，对目前的社区的不满，高的房价	经济价值、功能价值、情感价值、社会价值、象征价值、风水	准备成本，替代者吸引力	住宅	Ghazali et al.（2019）
满意，信任，价格问题，服务质量	替代者吸引力，替代品的机会，价格优势	寻求多样性，非自愿的选择，转换成本	电子商务	Aziz and Mardhatillah（2020）
接受、偏袒和裙带关系、冲突、领导、倦怠、权力斗争、保密、微观管理、财务考虑	牧师的呼吁，发展的机会	寻求多样性，主观规范，转换成本	基督教信徒	Isibor and Odia（2020）
旅行成本，旅行时间，服务质量，价格，信息搜索，感知价值	增长的销售、外部交流、吸引力	自我效能	电子商务	Susanty et al.（2020）
感知环境威胁，感知不便性	绿色交通政策、绿色交通系统	惯性	绿色交通	Wang, S. et al.（2020）
不满（信息质量，服务质量）	相对优势，临界质量	转换成本，个人创新性	移动支付	Wang, W. et al.（2021）

6.投资模型

Rusbult（1980, 1983）在研究人际关系时注意到一种现象：一些人会结束令人满意的关系，而另一些人却继续维持不满意的关系。为了预测对一段亲密关系持续交往（如浪漫、友谊、商业）的承诺程度和满意度，Rusbult（1980）基于相互依赖理论提出了投资模型（图2-2）。该模型认为个人对一段关系做出的维持或结束的决定受到承诺的影响，而对当前关系的满意度、投资规模以及替代者质量是承诺的重要预测因子（Rusbult, 1980, 1983; Rusbult & Martz, 1995; Rusbult et al., 1998）。

满意度指的是个人对一段关系的积极评价的程度（Rusbult & Martz, 1995）。满意度越高，个体对维持一段

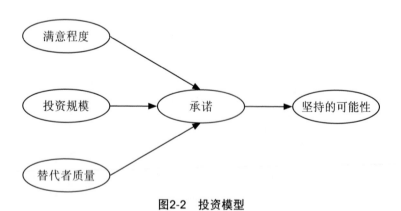

图2-2　投资模型

32

关系的可能性就越大（Rusbult, 1980; Uysal, 2016）。虽然满意度是一个重要的因素，但并不是个人忠诚于目前关系的唯一因素，因为它不能解释为什么受虐待的女性会继续停留在当前不满意的关系。在一段长期的关系中，满意度会受各种因素的影响时刻发生着或高或低的变化，偶尔也可能会下降至非常低的水平。为了更全面地解释承诺对不满意关系的影响，投资模型还引入了另外两个变量：替代者质量和投资规模（Rusbult & Martz, 1995）。

投资规模是指个人投入的与目前关系相关的物质或心理资源的规模（Uysal, 2016），包括外部投资与内部投资（Rusbult, 1980）。外部投资指与当前行为相关联的先前的外部利益，例如，一个人认为离开现在的伴侣会导致失去现在的工作。内部投资指的是个人在这段关系中投入的时间、金钱和情感等。投资规模越大意味着个人在目前关系中投入的成本就越高，一旦关系结束，这些投资可能就会失去或者遭到贬值，也就是说更大的投资规模能够增强对个体的承诺，使个体倾向于继续维持目前的关系（Uysal, 2016）。

替代者质量指的是在一段关系中其它关系的替代性和吸引力（Rusbult & Martz, 1995）。例如，当他／她有大量的潜在伴侣可供选择时，或者有其它的居住方式时，或者认为与他人保持亲密关系可能更幸福时，个体的承诺就会减弱。相反，如果缺乏这些替代者，或者这些替代者缺乏足够的吸引力，个体将继续维持目前的关系。因此低质量的替代者增加了承诺（Rusbult & Martz, 1995; Uysal, 2016）。

承诺是个人对一段关系的依赖程度增加的结果（Rusbult et al., 1998）。承诺是理解人际关系的一个重要变量（Odrowska & Massar, 2014; Rusbult et al., 2011），它解释了在面对不满意的关系时一些人选择维持而另一些人却选择结束的原因。承诺指个人愿意长期维持一段关系的程度及心理上对这段关系的依恋程度（Rusbult & Martz, 1995），它会随着满意度和投资的增加而增加，随着替代者的减少而减弱（Rusbult et al., 2011）。承诺是理解是否保持关系的决定的关键（Rusbult & Martz, 1995）。

基于心理学与社会学的投资模型是研究人际关系的一种新方法（Rusbult, 1980）。投资模型通过引入的投资的概念验证和扩展了相互依赖理论的应用（Dibble & Drouin, 2014）。投资模型同时关注了积极关系与消极关系，从而更加完整地解释了持久关系。投资模型提出理性的人之所以会与一个有虐待倾向的伴侣维持关系可能是因为缺乏替代关系，或者是对伴侣较高的投资导致离婚的成本太高（Rusbult et al., 2011）。

投资模型强调了关系的结构特征。通过识别忠诚个

体的观点和行为及其基本过程，可以相当成功地预测恋
爱关系中的留下／离开决定（Odrowska & Massar, 2014）。
投资模型为各种关系维持现象提供了充分的理论支撑
（Rusbult et al., 2011）。事实证明，投资模型可广泛应用于
不同的承诺关系（表2-2），包括对人际关系和非人际关
系的承诺（Rusbult et al., 2011）。例如，浪漫关系（Dibble
& Drouin, 2014; Rusbult, 1980; Rusbult et al., 1991），虐待
性关系（Rusbult & Martz, 1995），工作（Dam, 2005），
商业（Anderson & Weitz, 1992; Ping & JR., 1993），服务业
（Bansal, Harvir S. et al., 2004），娱乐活动（Odrowska &
Massar, 2014; Uysal, 2016）等。

表2-2　关于投资模型的先行研究

情境	研究变量	作者
五金零售及供应商	满意度，替代者吸引力，投资，转换成本，忠诚，声音，机会主义，忽视，退出	Ping and JR.（1993）
治疗方案	承诺，奖励，成本，投资，替代者质量，自我效能，坚持行为	Putnam, D. E. et al.（1994）
虐待关系	满意度，替代者质量，投资规模，承诺水平，留／离开行为	Rusbult and Martz（1995）
亲密关系	满意度，替代者质量，投资规模，承诺水平，持续的可能性	Rusbult et al.（1998）
职业风险	员工异常，职业风险，工作满意度，客观工作条件，劳动力市场，培训和福利	Huiras and McMorris（2000）

情境	研究变量	作者
自动修理服务	主观规范，规范承诺、满意、信任，感情承诺，转换成本，替代者吸引力，持续性承诺，意愿	Bansal, Harvir S. et al. （2004）
医院	工作报酬，工作成本，可替代者，投资，结果期望、满意度、感情承诺，持续性承诺、工作态度的变化	Dam（2005）
旅游业	满意度，替代者质量，投资规模，态度，忠诚行为	Li, X. and Petrick （2008）
浪漫关系	自恋，满足，替代者质量，投资，承诺	Foster （2008）
信息技术人员	职业满意度、职业过时威胁、职业选择的可获得性、职业投资、职业自我效能感、职业承诺	Fu（2011）
汽车维修服务	质量、满意、转换成本，替代者吸引力、承诺、信任、转换意图	Bansal, Harvir S. and Duverger （2013）
网络游戏	满意，替代者质量，投资规模，承诺	Odrowska and Massar （2014）
网络约会	总备胎，柏拉图式的备胎，浪漫／性的备胎，承诺，投资，替代者的质量	Dibble and Drouin （2014）
网络游戏	替代者质量，满意，投资规模，承诺，忠诚，声音，退出	Uysal （2016）
社交网站	满意、替代者质量、承诺、合作伙伴信任、投资规模、关系长度、监督、合作伙伴概况	Tokunaga （2016）
在线学习	奖励，成本，替代者价值，投资规模，满意度，承诺	Alshehri （2017）
自然生育人口	满意，替代者，投资，承诺	Winking et al. （2018）

情境	研究变量	作者
危机沟通与管理	合法性保证，开放性，社交网络，妥协，分配谈判，避免，积极关系强化，满意度，替代质量，投资规模，承诺，信任，适应行为，敌对关系行为，承担责任的意愿，牺牲的意愿	Xu, S.（2019）
健身和健康应用	投资规模，可替代质量，承诺，期望确认，满意度，感知有用性，持续意愿	Chiu et al.（2020）
网络约会	强度，可替代，投资，满意度，承诺，终止	Sharabi and Timmermans（2020）

7.研究变量

在制定转换决策时，玩家不仅会考虑在当前的移动游戏的感受，也会考虑其它移动游戏的可能的益处。个体、文化和社会因素也会影响玩家的转换决策。如玩家对同一款移动游戏的满意度可能存在较大差异，对其它游戏是否更有吸引力的评价也不相同。满意度低的玩家更有可能不愿意继续维持与当前游戏的关系而转换到其它移动游戏。更有挑战性的移动游戏可能会受到玩家更多的关注。

另外，玩家还要考虑离开当前游戏的可能的牺牲。如玩家在游戏中的货币投资（订阅与虚拟物品的购买）与非货币投资（投入游戏的时间、努力与社会关系）。玩家将会权衡各种因素而不是根据某一个因素决定是否转换到其它移动游戏。例如即使玩家对当前的移动游戏的满意度较低也会因为已经产生的较高的投入而维持与当前游戏的关系，否则他们将失去这些投资所带来的回报（如游戏内的朋友，熟练的游戏技能，高的游戏等级等）（Uysal, 2016）。

PPM模型关注原住地、目的地，及迁移过程中的一些中间障碍（如个体，文化和社会因素）对迁移决策的影响。和PPM模型相似，投资模型除了关注个体对当前关系及其它替代关系的感受，还提出投资规模会影响个体对当前的关系的承诺，并通过承诺影响是否会结束当前的关系的决定。

因此本研究结合PPM模型与投资模型从更加扩展的视角来研究"推"因素（满意程度）、"拉"因素（替代者质量）和系泊因素（投资规模）对移动游戏玩家的承诺和转换意愿的影响。

基于先前文献及PPM模型和投资模型的框架，本研究将用户感知到的当前的移动游戏的消极属性（不满）定义为影响转换意愿的"推"因素及投资模型的构念"满意程度"；将用户感知到的目标移动游戏的积极属性（相对挑战）定义为影响转换意愿的"拉"因素及投资模型的构念"替代者质量"；将能够限制或促进玩家转换意愿的特定因素（桥接社会资本和习惯）定义为"系泊"因素及投资模型的构念"投资规模",因为它们是不属于当前游戏或目的游戏的属性（Xu, Y. et al., 2014）。

"推"因素

顾客满意度是保持顾客忠诚的重要因素之一,是组织的营销计划的关键焦点,是营销领域的一个重要目标,也是企业预防和控制顾客流失率的主要指标（Jung, H. S. & Yoon, 2012）。满意度指消费者将感知体验和知觉结果（获得、消费和处置）与期望满足程度进行评估后的反应（Howard & Sheth, 1969）。满意度是指个体对某产品或服务感知到的整体体验的评价和情感反应（Oliver, Richard L., 1980; Xu, X. et al., 2013）。满意度是指在一段关系中经历的积极和消极的影响（Fu, 2011）,是一种认知和情感特征,是主观体验与以往感知相比较的结果（Antón et al., 2007; Oliver, Rechard L., 1993）。Setterstrom and Pearson（2019）将满意度定义为个体通过对某一网络游戏的预期质量与感知质量的比较而形成的一种态度。Oliver, Rechard L.（1993）指出满意和不满意与积极情绪和消极情绪以及整体满意度显著相关。在移动游戏环境中,满意包括玩家感知到的对游戏的满意程度或享受程度（Uysal, 2016）。

满意度与需求满足存在一定程度的相关性,即当产品或服务能够满足个人的需求时就会感到满意,否则就会感到不满（Hsu, J. S.-C., 2014）。未被满足的个人会感到不安和不舒服，可能会采取行动以弥补未满足的需求。不满促使个人重新评估可选择的方案，以改善现有的状态（Hsu, J. S.-C., 2014）。

虽然更多的回报会持续地提高个人的满意度，但投入到一段关系中的更多的成本不一定会降低满意水平（Rusbult et al., 2011）。顾客满意度是继续使用新信息技术的一个重要前提（Hsu, J. S.-C., 2014）。公司应该设法提供更高质量的商品和服务以维系客户（Jung, H. S. & Yoon, 2012），但是，必须明确的是满意并不是留住顾客唯一的、可用的工具（Antón et al., 2007）。

移动游戏提供者需要思考如何保持现有的玩家及如何提高他们的忠诚度等一系列问题，以减少玩家退出或转换到其它移动游戏。例如，哪些因素能够影响玩家的满意度，什么样的游戏设计与服务才能提高玩家的满意度，以及如何区分满意与不满意的玩家以采取相应的策略。

"拉"因素

挑战和竞争是玩电子游戏最普遍的原因（Hou, J., 2011），是影响游戏体验和成瘾性的核心因素（Kim, Y. Y. et al., 2014）。挑战指的是感受到的个人的能力被伸展的感觉（Bridges & Florsheim, 2008），是实现与游戏中问题的难度水平相关的目标的能力（Hsu, S. H. et al., 2009），是数字游戏中能够创造积极影响的属性（Merikivi et al., 2017）。Hsu, S. H. et al.（2005）指出玩家应当可以自由选择游戏的难度与等级，并能够在每个新级别获得新技能以增强玩家的能力。

　　Merikivi et al.（2017）认为无聊时的消遣和可应对的挑战是玩移动游戏的二个重要因素。当参与者认为他们的技能和挑战都超过临界阈值，而且这二者之间是平衡的，就有可能在活动中体验到流（Kim, Y. Y. et al., 2014; Novak et al., 1998）。移动游戏为了满足用户的挑战需求通常会设置一系列的挑战或目标，而这些目标的实现是不确定的（Liao et al., 2016; Merikivi et al., 2017）。如果它们太过简单，玩家会感到无聊，对游戏失去兴趣；相反，如果玩家认为很难克服这些挑战便会感到沮丧和焦虑（Liao et al., 2016）。因此，适当的挑战水平是让玩家保持兴奋和投入的关键（Nguyen, 2015）。

　　由于经常玩同一款移动游戏，玩家的游戏内技能和熟练度便会得到一定程度的提升。如果移动游戏提供者未能及时提供给玩家更新的游戏内容，玩家便会认为当前的游戏已不具有挑战性，也无法继续获得实现这些挑战所带来的成就感。如果转换到其它移动游戏，玩家需要从最低的游戏等级开始，并且要面对的可能是与当前游戏完全不同的技能体系。这些对玩家来说这意味着一个新的挑战。当这些挑战被克服，玩家就能在新的游戏中体验到成就感。

系泊因素

（1）习惯

行为发生的概率是"习惯和意图的函数"（Triandis, 1977; Verplanken, 1997）。过去的行为或习惯比态度和意图更能预测未来的行为（Verplanken, 1997）。习惯是一种通过反复学习形成的对特定情况的自动反应，在实现特定目标或最终状态时能够发挥作用（Hull, 1943; Verplanken, 1997）。习惯是指人们由于之前的学习而自动地做出行为的程度（Amoroso & Lim, 2017）。习惯是一种可以被有意识地引导且具有目标导向的自动性，这种自动性既不同于其它形式的自动重复行为（如身体反射），也不同于无意识状态下产生的不一定是重复的行为（Uleman & Bargh, 1989）。先前经验的结果能够影响习惯及各种不同的信念继而影响未来的行为的表现（V. Venkatesh, 2012）。Verplanken（1997）的研究结果表明，习惯对选择情境和欣赏信息的影响可能是深远的。

习惯的形成虽然与经验有关，但经验既不是必需的也不会产生相同水平的习惯（Talukder et al., 2019）。原因之一是由于每个人的技术水平是不同的（V. Venkatesh, 2012）。

Verplanken（1997）发现在个人具有较强的习惯时，其目标激活与选择之间存在直接联系，此时的选择是相对简单的刺激反应模式。Verplanken（1997）还指出与习惯较弱的响应者相比，那些有选择特定旅行模式的强烈习惯的响应者获得的信息较少，做出的选择策略也不是特别详细。

持续玩一款移动游戏能够使玩家对交互界面的适应性和对操作系统的熟练度、角色的等级和技能的水平得到不同程度的提升。通过重复在游戏内的行为模式及消费模式，玩家形成了对当前移动游戏的习惯。这种习惯可能使玩家对当前的移动游戏产生依赖，逐渐形成忠诚度，这将对持续使用行为起到积极的作用。因此探讨习惯对玩家转换意愿的影响是有必要的。

（2）桥接社会资本

社会是积累的历史，资本是积累的劳动（Bourdieu,1986）。资本是指是指资本家占有并用作剥削劳动者手段的生产资料和货币，是资本家通过剩余价值积累的用于再生产的社会权力（Marx, 1849）。资本是一种在时间的积累下形成的一种客观化或具体化的形式，具有潜在的产生利润和复制自己的能力。资本是被代理人以私人方式占有后以具体化劳动或生活劳动的形式分配社会能量的基础（Bourdieu, 1986）。

资本的形式包括经济、文化、人力和社会资本，并且在特定条件下文化、人力和社会资本都可以转化为经济资本（Bourdieu, 1986; Johnson, 1960; Kim, M. & Kim, 2018）。社会资本指的是一系列以个人和家庭为单位进行的可能增强人们日常生活中的有形资本的重要性的社交活动（Hanifan, 1916）。如成员间的善意、友谊、同情和社会交往。在这些社交活动中，个体可以积累社会资本，并实现家庭成员无法满足的需求（Hanifan, 1916）。

Putnam, R. D.（2000）将社会资本定义为个人的社会网络及与其相关的互惠的规范。社会资本的数量取决于（1）个人能够有效调动的关系网络的规模，以及（2）这个关系网络中的人凭借私人权利拥有的资本（如经济、文化或象征性）的数量（Bourdieu, 1986）。

Putnam, R. D.（2000）在弱纽带理论（Granovetter, 1973）的基础上进一步将社会资本归纳为结合社会资本和桥接社会资本。结合社会资本（类似于强纽带）是一种具有内向性、排他性、成员间具有较高的同质性和较紧密的情感联结的社会关系，如家庭或亲密的朋友。结合社会资本群体内的信息的重复性比较高。

桥接社会资本是指一种具有外向性、包容性、成员间具有较强的异质性和较松散的情感联结的社会关系，如一般的朋友、服务团体或兴趣小组。在桥接社会资本群体内，信息的内容丰富且重复性较低（Granovetter, 1973; Norris, 2002; Putnam, R. D., 2000; Reer & Kramer, 2019）。

移动游戏的玩家来自于世界各地。尽管玩家会与现实生活中的一些朋友在游戏内建立结合社会资本（强纽带），但更多的人倾向于与游戏中的其他玩家建立桥接社会资本（弱纽带）。因为性格、年龄、文化、经历、教育程度及行为的差异可以拓宽个人的视野，可以让个人感受到更多的不同的体验。

尽管玩家间也存在一致的关注，一定程度的合作及互利互惠，但是该关注及合作或者来自于公会内部，或者来自于游戏中相对亲密的朋友。因此互利互惠的程度及持续性都是不确定的。另外，玩家间的交流的内容多数与游戏内容和技能相关而很少涉及深层次的讨论与分享（如玩家现实生活中的问题），因此玩家间的感情联系并不是很强。转换到其它移动游戏意味着玩家将很难继续和当前移动游戏中的朋友一起玩，在这种情形下，玩家将不得不考虑是否能够接受在当前的移动游戏中的社会资本的价值的降低或减少。因此，本研究关注桥接社会资本对玩家转换意愿的影响是非常有意义的。

承诺

承诺是一个复杂并且多方面的结构（Meyer et al., 1993）。

45

承认一个人先前的行动所产生的利益是承诺的必要组成部分（Becker, 1960）。承诺指消费者认为为持续的关系投资是值得的（Sharma & Patterson, 2000）。

Becker（1960）应用侧注[1]理论研究组织中的一致性行为时认为承诺是通过侧注实现的一种特定的社会心理机制，而且只有那些由大量的侧注支持的决策才能产生一致的行为。决策者已经将一些对自己有价值的东西（如时间，精力和金钱）和一些原本与目前的行动路线无关的东西押在了目前行为的一致性上，由于不一致的后果将是昂贵的，他将不得不放弃不一致的行为（Becker, 1960）。

例如如果职员认为离开目前的公司可能会导致一些其它利益的损失（如由于适应当前的工作产生的轻松感），又不能发现其它替代或弥补损失的方法，那么离职的预期成本将会增加。此时，他们会认为继续当前的行为（留在当前公司）可能是更好的选择。也就是说，侧注能够限制个人当前的活动，感受到的威胁使个人继续献身于当前组织（Becker, 1960; Meyer & Allen, 1984）。

在侧注理论（Becker, 1960）的基础上Kanter（1968）将承诺演变为一种被普遍接受的三维的分类：持续性承诺（Buchanan, 1974; Kanter, 1968），凝聚力（情感性）承

---

[1] 侧注，指主要赌注以外的附加赌注。

诺（Buchanan, 1974）和控制性（规范性）承诺（Kanter, 1968）。

Kanter（1968）认为持续性承诺与维持成员对社会角色或社会系统中的位置的认知取向有关，成员根据奖惩、利润和成本制定决策。当参与者认为离开组织的牺牲远远高出留下的成本时将被迫继续参与。持续性承诺指个人意识到的与离开组织相关的成本（Meyer & Allen, 1991）。

情感性承诺依附于社会关系，是对组织的情感依恋（Kanter, 1968; Meyer & Allen, 1984）。它融入了个体的情感资金，却没有内在的道德要求（Kanter, 1968）。在一个有凝聚力的组织中，积极的情感纽带将参与者与组织紧密地联系在一起，在组织内部形成的高度团结的氛围可以抵御来自外部的威胁（Kanter, 1968）。如果成员们的体验能够与他们的期望一致并能够实现基本需求的满足，他们对组织的依恋可能会更加强烈（Meyer et al., 1993）。情感性承诺是指员工对组织的情感依恋、情感认同和情感参与（Meyer & Allen, 1991）。

规范性承诺是一种积极的评价取向。当成员认为组织的要求是正确的、道德的、公正的，且与自己的价值观一致时就乐意服从这些规范的要求，维护组织的权威，保持对组织的忠诚（Kanter, 1968）。因为他们认为回报组织是自己的义务（Meyer et al., 1993）。规范性承诺指的是员工对继续就业感知到的义务（Meyer & Allen, 1991）。

综上所述，情感性承诺、持续性承诺和规范性承诺的心理状态和性质是完全不同的。有强烈情感性承诺的员工留在组织中是因为他们想要这样做，有强烈持续性承诺的员工留在组织中是因为他们认为自己需要这样做，有强烈规范性承诺的员工留在组织中是因为他们觉得自己应该这样做（Meyer et al., 1993）。

本研究关注的是持续性承诺。在移动游戏中，虽然工会、氏族或战队等虚拟组织也存在着对成员的规范，但其范围是狭窄的，期限也没有实体组织那样长久，对玩家的约束力是相当有限的。如工会只能尽量鼓励所有成员参与组织内的活动而不是要求，因为这不是玩家的义务。

玩家在移动游戏中会同工会、氏族或战队成员及其他玩家进行诸如竞争、合作和交流等互动。但是这种互动的频率、广度与深度极大地受限于玩家个体因素的影响。如期望一个内向的玩家在游戏内更多地与其他玩家合作或者发展社交资本将是非常困难的（Reer & Kramer, 2017）。在组织内由于玩家之间缺乏坚实的、持久的、统一的目标很难形成有力的凝聚力。但是玩家会考虑在该移动游戏中的不满的体验，其它移动游戏的吸引力以及离开该游戏的成本。

因此，在这样的一个情境中，关注持续性承诺对玩家转换意愿的影响是非常适宜的。表2-3汇总了以前的研究者对自变量、中介变量以及因变量的定义。

表2-3　先前研究者对自变量、中介变量和因变量的定义

构念		定义	来源
自变量	"推"因素（不满）　不满	消费者将感知体验和知觉结果（获得，消费和处置）与期望满足程度进行评估后的反应。	Howard and Sheth（1969）
		个体对某产品或服务感知到的整体体验的评价和情感反应。	Oliver, Richard L.（1980）
		在一段关系中经历的积极和消极的影响。	Fu（2011）
	"拉"因素（替代者质量）　相对挑战	个体感受到的在其它移动游戏中个人的能力被伸展的感觉。	Bridges and Florsheim（2008）
		玩家认为其它游戏的难度水平与自己的游戏技能匹配的程度。	Hsu, S. H. et al.（2009）
	系泊因素（投资规模）　桥接社会资本	一种具有外向型的、包容性的、成员间具有较强的异质性和较松散的情感联结的社会关系。	Putnam, R. D.（2000）

构念		定义	来源
	习惯	一种通过反复学习形成的对特定情况的自动反应。	Hull（1943）
		一种可以被有意识地引导且具有目标导向的自动性。	Uleman and Bargh（1989）
		人们由于之前的学习而自动地做出行为的程度。	Amoroso and Lim（2017）
中介变量	承诺	是通过押注实现的一种特定的社会心理机制。	Becker（1960）
		消费者认为为持续的关系投资是值得的。	Sharma and Patterson（2000）
因变量	转换意愿	客户主观认为的转换到其它产品或服务的可能性。	Han et al.（2011）
		是一个与顾客保留或再购买意图相对的概念。	Choi（2016）

三、研究模型和假设发展

1.研究模型

移动游戏既不同于能够直接触摸、观察与体验的有形商品，也不同于能够被订阅或被合同限制在一段关系的移动通信技术（Ye & Potter, 2011）。玩家只有在经历一段时间的体验后才能意识到自己的预期需求是否得到了满足。如果感觉不满可以不受任何规定的限制自由地决定如何发展与当前移动游戏的关系，无论是维持还是离开。而一个离开的决定也不会让他/她受到产品或服务提供者的任何惩罚。移动游戏的提供者也必须考虑来自其它移动游戏的吸引力以及个人或社会的一些因素，因为它们会影响玩家是维持与当前移动游戏的关系还是转换到其它移动游戏的决定。而以

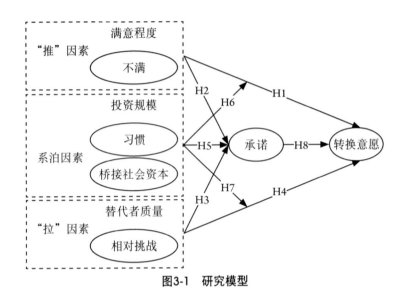

图3-1　研究模型

往的文献研究并不能充分解释有哪些因素影响玩家转换到其它移动游戏的意愿。因此，本研究在PPM模型和投资模型的框架下，探讨不满、习惯、桥接社会资本、相对挑战和承诺对玩家转换意愿的影响，研究模型如图3-1所示。

2.研究假设

PPM模型（Moon, 1995）是研究迁移行为的文献中的主导范式（Chang, I. C. et al., 2014）。PPM模型已经在不同领域中得到了充分的应用和扩展（Chang, I. C. et al., 2014）。

Bansal, Harvir S. et al.（2005）分析了700名汽车维修和美发服务客户的数据，结果表明"推"、"拉"和系泊因子均显著影响转换意愿，因此证明了PPM模型对理解消费者转换行为的贡献。

为了研究博客作者转换社交网站的影响因素，Hsieh et al.（2012）使用偏最小二乘技术进行了实证分析，结果表明"推"和"拉"因素积极影响博客作者的转换意愿，系泊因素消极影响转换意愿，并调节了"推"因素和系泊因素对转换意图的影响。

Chang, H. H. et al.（2017）在一项研究中发现"推"效应（在实体店获得的感知益处和感知价值）和"拉"效应（感知的移动特性和感知的移动商店质量）对用户转换至移动购物的意愿都有直接影响，系泊效应（移动购物的自我效能，转换成本）在不同程度上调节了信息搜索行为、感知价值、移动商店的吸引力对转换意愿的影响。

一项关于绿色交通的研究结果显示"推"因素（感知到的环境威胁和感知到的不便）促使个体远离私家车，"拉"因素（绿色交通政策和绿色交通系统）吸引个体转向绿色交通，系泊因素（惯性）不仅对个体转换意愿产生负向影响，而且调节了"推"和"拉"因素对个体转换意愿的影响（Wang, S. et al., 2020）。

"推"因素（满意程度）

　　不满在PPM模型与投资模型中都是一个重要的成分。先前的文献表明许多因素都会推动用户离开，如当用户认为当前的产品或服务未能达到自己的期望时，不满就产生了。有很多的学者发现不满是影响用户转换的重要因素（Djusmin & Dirgahayu, 2019; Ye & Potter, 2011; Zengyan et al., 2009）。如果用户对能够较好地反映产品或服务价值的质量（包括系统质量，信息质量，服务质量等）的评价较低也会促使个人倾向于转换（Chang, H. H. et al., 2017; Djusmin & Dirgahayu, 2019; Fang & Tang, 2017; Jung, J. et al., 2017; Xu, Y. et al., 2014）。

　　在一项关于异性恋约会关系的纵向研究测试中发现，随着时间的推移，奖励的增加会导致满意度的相应增加，继而导致承诺的增加（Rusbult, 1983）。为了更好地理解IT专业人员职业承诺的重要前因，Fu（2011）对台湾1000家大型企业资讯系统部门进行了横断面研究，结果表明职业满意度是职业承诺最重要的决定因素，其次是职业自我效能感、职业过时威胁和职业投资。一份对165名《魔兽世界》玩家的在线调查结果表明，满意度、替代方案质量和投资规模积极影响玩家对游戏的承诺水平（Odrowska & Massar, 2014）。在研究多人在线游戏情境下投资规模与适应模式的关系时，Uysal（2016）指出玩家对游戏的满意度越高其对游戏的承诺就越强。

Kim, G. et al.（2006）的研究发现，用户对电子邮件服务的稳定性、存储容量和垃圾邮件拦截能力的满意度对转换意图有显著影响。在研究影响社交网络游戏用户的转换意愿的决定因素时，Xu, X. et al.（2013）发现，满意度、主观规范、替代者吸引力和寻求多样化行为对个体转换意愿有显著影响。Fang and Tang（2017）的研究证实对技术质量和信息质量的不满以及后悔能够影响用户迁移到其它即时信息服务的意愿。Djusmin and Dirgahayu（2019）在研究中发现不满是促使印尼移动即时通讯用户转换的原因之一。

基于上述关于"推"因素与承诺以及转换意愿的关系的先行研究，本研究提出以下假设：

H1：玩家对当前的移动游戏越不满，转换到其它移动游戏的可能性就越大。

H2：玩家对当前的移动游戏越不满，对当前的移动游戏的承诺就越低。

"拉"因素（替代者质量）

可能导致用户转换的"拉"因素意味着其它产品或服务的更高的吸引力（Bansal, Harvir S. et al., 2005; Chang, I. C. et al., 2014; Djusmin & Dirgahayu, 2019; Fu, 2011; Hou, A. et al.,

2014; Hou, Avus C.Y. et al., 2009; Hou, Avus C. Y. et al., 2011; Lai et al., 2012; Xu, Y. et al., 2014; Zengyan et al., 2009），或者用户认为相比目前正在使用的产品或服务，其它产品或服务能够提供更多的优势（如高的质量，低的价格，有用性，易用性，娱乐性，创新性等）（Chang, H. H. et al., 2017; Fang & Tang, 2017; Hsieh et al., 2012; Ye & Potter, 2007, 2011），或者同伴（Lai et al., 2012; Zengyan et al., 2009）对其它产品或服务的较高的评价都能够预测用户向其它产品或服务的转换。

相对挑战意味着其它移动游戏比玩家当前的移动游戏更具有吸引力。因此本研究将相对挑战作为PPM模型的"拉"因素以及投资模型的"替代者质量"构念引入研究框架，以分析其与转换意愿之间的关系。

Teng, C.-I. et al.（2012）在研究游戏挑战、相互依赖和玩家忠诚之间的关系时发现游戏挑战与相互依赖和玩家忠诚呈正相关。Teng, C. I.（2013）认为挑战对忠诚度的影响取决于网络游戏玩家对挑战的看法，不断增加的挑战能够产生类似的设定目标的效果。Huang et al.（2017）在研究中发现当玩家感知到的外界的挑战低于自己的内在技巧时，个体会感到厌倦，技能的提高、挑战的增加和沉浸感的增强能够刺激在线游戏者的持续参与、追求新奇心理和奖励依赖，最终提高其忠诚度。

人们玩游戏是为了能够暂时脱离现实生活中的烦恼，是为了创造瞬间的体验，是一种精神挑战，是一种替代的冒险（Lazzaro, 2004）。感知到的挑战和个人的技能之间的平衡能够使玩家获得最佳的游戏体验（Bostan & Öğüt, 2009）。Kim, Y. Y. et al.（2014）已经证实技能与挑战都能积极影响玩家的持续使用网络游戏的意愿。如果玩家认为当前的移动游戏已经无法再为自己带来挑战困难的乐趣，他／她就会失去对当前游戏的关注。另外，如果玩家认为其它移动游戏能够使自己的游戏技能发挥得更好，或者能够在其它移动游戏中获得更高的成就感便有可能选择一段新的、似乎更有趣的旅程。综上所述，我们假设：

H3：玩家感知到的其它移动游戏的挑战性越高，对当前的移动游戏的承诺就越低。

H4：玩家感知到的其它移动游戏的挑战性越高，转换到其它移动游戏的可能性就越高。

系泊因素（投资规模）和调节效应

系泊因素可能促进或抑制用户的转换意愿，与个人、文化和社会因素有着密切的关系。如习惯（Choi, 2016; Ye & Potter, 2011），隐私担忧（Lai et al., 2012），和强／弱的社会联系（Hou, Avus C.Y. et al., 2009; Hou, Avus C. Y. et al., 2011; Listyarini et al., 2009）。习惯和桥接社会资本也是玩

家在移动游戏中投资（时间，精力和金钱）的结果。因此习惯和桥接社会资本既可以作为PPM模型的系泊因素，也可以作为投资模型的构念"投资规模"。

（1）习惯

Rusbult（1983）指出增加投资规模能够促进个体对维持一段亲密关系的承诺。Anderson and Weitz（1992）研究了378对制造商和工业分销商的数据，结果表明质押方式（即特殊投资）能够显著影响关系双方的承诺，同时，每一方的承诺都会影响另一方感知到的承诺。由于重复使用特定的信息系统而形成的使用习惯导致用户对转换成本的意识和认知，从而将个人锁定在目前的系统（Murray & Häubl, 2007）。研究者发现一些拥有运动习惯的跑步者表现出对跑步高度的忠诚（Parra-Camacho et al., 2020）。为了研究个人转换信息技术的影响因素，Ye and Potter（2011）分析了414名用户的数据，研究结果表明习惯是用户考虑是否更换浏览器时的一个关键因素。

更强的习惯可以抑制个体对其它选择的信念。已经习惯使用某一个特定的技术产品的用户将不太愿意使用另一个。换句话说，习惯可以有效地充当系泊因素（Ye & Potter, 2011）。移动应用的使用习惯能够强化替代者吸引力和社会影响与网络银行转换意愿之间的关系（Choi,

2016）。Talukder et al.（2019）的研究结果认为习惯、绩效预期、努力预期、社会影响、兼容性和创新性对可穿戴健身设备的采用和推荐意愿有显著的直接和间接影响。Wang, S. et al.（2020）指出个体的惯性越强，越愿意继续使用私家车而不愿意转换到绿色交通。

由于长时间地玩某一款移动游戏，玩家已经将使用移动游戏这种行为作为自然而然的活动。习惯是玩家投入了大量时间成本、经济成本和社会成本的产物。玩家的习惯程度越高，对游戏的依赖性就会越强，越有可能维持与当前的游戏的关系，而不是随意地转换到到其它移动游戏重新形成一种习惯。

某些情况下，玩家由于对目前的移动游戏不满意，或者认为其它移动游戏更有吸引力，想要玩其它移动游戏。但是他们已经习惯了玩这款游戏，玩其它的移动游戏需要重新学习与适应。因此他们可能还是会留下来继续玩当前的移动游戏。

因此，结合以前研究者的观点，我们提出下列假设：

H5-1: 玩家对当前的移动游戏的习惯越强，对当前移动游戏的承诺就越强。

H6-1: 玩家对当前的移动游戏更强的习惯调节其对当前移动游戏的不满意与转换意愿之间的关系。

H7-1: 玩家对当前的移动游戏更强的习惯调节其它移

动游戏的挑战性与玩家的转换意愿之间的关系。

（2）桥接社会资本

Zhong（2014）的研究结果证实在线桥接资本和在线结合资本与在线和离线的公民参与有着积极的联系。团队参与能够激励网络游戏玩家遵守团队规范，满足他们的社交需求，并提高他们对游戏的忠诚度（Teng, C.-I. & Chen, 2014）。社会资本能够增加个体之间的信任，并提高资源的可获取性与可利用性，因此玩家在游戏中拥有的社会资本越多，对游戏的忠诚度便会越高（Wei, H. et al., 2017）。Domahidi et al.（2014）指出玩家的游戏频率与在社交网络游戏中获得的社会资本呈正相关，并且可能将他们的社会关系从在线环境扩展到离线环境。

Wang, X.（2018）表明游戏内外的强和弱的社交关系对用户的游戏感知价值有显著正影响，而感知价值因为能够促进（或阻碍）消费者对某一产品的评价（Kim, Y. et al., 2017），是使用意愿的重要预测因子（Kim, H.-W. et al., 2007; Lau et al., 2019）。当个体对一个组织下了侧注时（如养老金计划），由于不愿意失去在该组织中的相关收益而更有可能留在该组织（Becker, 1960; Stevens et al., 1978）。玩家在享受网络游戏的同时可以通过社交互动扩大自己的影响力，因此网络游戏中的桥接社会互动可以影响网络游戏的持续使用（Kim, Y. Y. et al., 2014）。Kim, M. K. et al.（2018）发现了一个有趣的现象，邻居间的游戏外送礼能够促进桥接社会资本并进而影响持续使用意愿。

玩家在移动游戏中获得的社会资本的价值会随着拥有的网络联接数量的增加而增加。玩家基于移动游戏建立社会资本的过程也是一个投资的过程。如果玩家转换到其它移动游戏，必然会导致在当前游戏中社会资本的减少，如不能再像转换前一样继续和这个移动游戏中的好友一起游戏或是与公会中的其他成员合作。根据这些观察到的结果，我们提出下列假设：

H5-2：玩家在当前的移动游戏已经建立的桥接社会资本越多，对当前移动游戏的承诺就越强。

H6-2：玩家在当前的移动游戏已经建立的更多的桥接社会资本调节其对当前移动游戏的不满与转换意愿之间的关系。

H7-2：玩家在当前的移动游戏已经建立的更多的桥接社会资本调节其它移动游戏的挑战性与玩家的转换意愿之间的关系。

承诺

Bansal, Harvir S. et al.（2004）分析了356名汽车维修服务客户的调查数据，结果表明用户对服务提供者的承诺可以是基于欲望的、基于成本的或基于义务的，并且这3种承诺都能够消极影响用户转换服务提供者的意愿。Odrowska and Massar（2014）的研究结果表明承诺水平能够预测大型多人在线游戏的参与者继续留在现有公会的可能性。Uysal（2016）指出多人在线游戏玩家的承诺对游戏问题表现出更强的适应性，如更低的退出行为，更大的声音及更高的忠诚。

因此我们有理由认为：

H8：对当前的移动游戏的承诺越高，玩家转换到其它移动游戏的可能性就越低。

表3-1　汇总了本研究的假设。

表3-1　假设汇总

H1：玩家对当前的移动游戏越不满，转换到其它移动游戏的可能性就越大。
H2：玩家对当前的移动游戏越不满，对当前的移动游戏的承诺就越低。
H3：玩家感知到的其它移动游戏的挑战性越高，对当前的移动游戏的承诺就越低。
H4：玩家感知到的其它移动游戏的挑战性越高，转换到其它移动游戏的可能性就越高。
H5-1：玩家对当前的移动游戏的习惯越强，对当前移动游戏的承诺就越强。
H5-2：玩家在当前的移动游戏已经建立的桥接社会资本越多，对当前移动游戏的承诺就越强。
H6-1：玩家对当前的移动游戏更强的习惯调节其对当前移动游戏的不满与转换意愿之间的关系。
H6-2：玩家在当前的移动游戏已经建立的更多的桥接社会资本调节其对当前移动游戏的不满与转换意愿之间的关系。
H7-1：玩家对当前的移动游戏更强的习惯调节其它移动游戏的挑战性与玩家的转换意愿之间的关系。
H7-2：玩家在当前的移动游戏已经建立的更多的桥接社会资本调节其它移动游戏的挑战性与玩家的转换意愿之间的关系。
H8：对当前的移动游戏的承诺越高，玩家转换到其它移动游戏的可能性就越低。

四、研究方法

1.研究工具的发展

  本研究结合以前学者的文献并根据移动游戏的特性提出了6个可能影响移动游戏玩家转换意愿的因素，即不满、相对挑战、桥接社会资本、习惯、承诺和转换意愿。通过操作化定义设计了调查问卷（如表4-1所示）。为了更好地适应移动游戏的情境将它们做了适当的修正。调查问卷使用5点李克特量表进行测量，由1到5表示从"非常不同意"到"非常同意"。

表4-1 构念的操作化定义

构念			定义	来源
自变量	"推"因素	不满	玩家对当前移动游戏的整体评价和情感反应。	Oliver, Richard L.（1980）
	"拉"因素（替代者质量）	相对挑战	玩家认为其他移动游戏的难度水平与自己的游戏技能相匹配的程度。	Hsu, S. H. et al.（2009）
	系泊因素（投资规模）	桥接社会资本	玩家与其他玩家之间具有很强的异质性和松散的社交关系。	Granovetter（1973）
		习惯	玩家基于长期经验对某移动游戏的自动反应。	Hull（1943）
中介变量	承诺		玩家意识到的离开当前移动游戏的成本。	Meyer and Allen（1991）
因变量	转换意愿		玩家转向其他移动游戏的主观可能性。	Listyarini et al.（2009）

2.参与者与过程

本研究的调查方法为在线调查，即应用互联网进行调查问卷的发放与回收。具体地，使用"问卷星"将制作的电子问卷通过社交媒体（如微信和QQ）发放，并通过滚雪球的方式扩大样本的范围。为了提高调查问卷的有效性，设置了甄别题目，只有曾经有过移动游戏体验的参与者才能继续参与调查。问卷的发放期间为2020年9月9日至17日，共回收了276份电子问卷，剔除36份无效问卷（如选项高度重复）后的有效问卷数量为240。

为了分析样本的特征，首先应用SPSS 26.0分析了参与者的性别、年龄与收入等用户的基本属性，以及游戏时长与频次等游戏行为。其次，应用SPSS 26.0和AMOS 25.0以验证测量工具的可靠性和有效性。第三，应用AMOS 25.0检验直接效应、间接效应及系泊因素的调节作用。最后应用Bootstrapping检验样本参数估计值的稳健性。

五、数据分析

1.人口统计资料

　　本次调查中女性参与者的比例为54.6%，略高于男性（45.4%），由于本次研究的调查主要集中在中国的某一所大学内，参与者主要为职员（61.2%）和学生（38.8%），因此参与者的年龄也基本分布在31岁以上（40.0%）和18-25（34.6%），参与者的学历为研究生与大学生的分别为55%和31.3%，月平均可支配收入低于2000元的参与者占30.8%，4001-6000元的占25.8%。更详细的数据请参看表5-1。

　　表5-2展示了移动游戏使用行为的相关数据。参与者的使用经验超过2年的占比33.3%，1-2年之间的占13.8%，同时，少于1个月和1-6个月的均占22.1%。30.8%的参与者

每周玩移动游戏的时间为1-2天，17.9%的参与者每周玩3-4天，而18.8%的参与者声称每天都玩移动游戏。另外，参与者每天玩移动游戏的时间普遍少于1个小时（57.5%），1-2小时的为32.5%，超过2个小时的只占10%。

表5-1　人口统计描述（N=240）

类别		人数	百分比	累积百分比
性别	男	109	45.4	45.4
	女	131	54.6	100.0
	总计	240	100.0	100.0
年龄	18-25	83	34.6	34.6
	26-30	61	25.4	60.0
	31岁及以上	96	40.0	100.0
	总计	240	100.0	100.0
教育程度	专科及以下	33	13.8	13.8
	本科	75	31.3	45.0
	研究生	132	55.0	100.0
	总计	240	100.0	100.0
职业	学生	93	38.8	38.8
	职业工作者	137	61.2	100.0
	总计	240	100.0	100.0
收入	低于2000元	74	30.8	30.8
	2000-4000元	40	16.7	47.5
	4001-6000元	62	25.8	73.3
	6001-8000元	37	15.4	88.8
	8000元以上	27	11.3	100.0
	总计	240	100.0	100.0

75.8%的参与者在移动游戏中没有加入工会等群体，42.1%的参与者和同学／同事／朋友一起玩移动游戏。独自玩移动游戏的参与者占35%。51.7%的参与者报告目前只玩了某一款移动游戏，32.9%的参与者则表示还在玩另外一款移动游戏，15.4%的参与者报告称除了当前的移动游戏外，还同时在玩2款（或更多）其它移动游戏。

表5-2 移动游戏使用行为分析

类别		频次	百分比（%）	累积（%）
使用经验	不到1个月	53	22.1	22.1
	1-6个月	53	22.1	44.2
	6-12个月	21	8.8	52.9
	1-2年	33	13.8	66.7
	2年以上	80	33.3	100.0
每周频次	0天	58	24.2	24.2
	1-2天	74	30.8	55.0
	3-4天	43	17.9	72.9
	5-6天	20	8.3	81.3
	每天	45	18.8	100.0
每日频次	不到1小时	138	57.5	57.5
	1-2小时	78	32.5	90.0
	2小时以上	24	10.0	100.0
工会成员	是	58	24.2	24.2
	否	182	75.8	100.0

类别		频次	百分比 (%)	累积 (%)
同伴	同学／同事／朋友	101	42.1	42.1
	自己	84	35.0	77.1
	其他人	55	22.9	100.0
同时在玩的其它移动游戏的数量	0	124	51.7	51.7
	1	79	32.9	84.6
	2个及以上	37	15.4	100.0

2.描述性统计分析

描述性统计

表5-3　各构念的平均值和标准差（N=240）

构念	平均值	标准差
不满	2.350	1.109
习惯	3.475	1.106
桥接社会资本	3.342	0.944
相对挑战	2.815	1.028
承诺	3.569	1.145
转换意愿	2.467	1.055

从平均值来看（表5-3），参与者对于当前的移动游戏比较满意，并且已经形成了使用习惯，在游戏过程中同其他玩家建立了一定的桥接社会资本，不认为其它移动游戏比当前的移动游戏更有挑战性，表现出对当前移动游戏

更强的承诺，不太愿意转换到其它移动游戏。

正态性检验

本研究的单变量及多维变量的正态性检验结果（表5-4）表明，样本数据符合单变量的正态分布。单变量偏度的值大于-1.25小于2.0，峰度值大于-1.0小于8.0，多元峰度值为49.346略低于多变量正态性的标准（-4.9至49.1）（Gao et al., 2008）。因此可以近似地认为本研究样本的总体数据符合多变量正态分布，进行进一步的数据分析是适宜的。

表5-4　正态性检验

题项	最小值	最大值	偏度	偏度系数	峰度	峰度系数
SI3	1	5	0.632	3.998	-0.443	-1.402
SI2	1	5	0.535	3.386	-0.477	-1.510
SI1	1	5	0.397	2.508	-0.962	-3.043
CO3	1	5	-0.455	-2.880	-1.030	-3.257
CO2	1	5	-0.748	-4.730	-0.296	-0.935
CO1	1	5	-0.416	-2.629	-0.869	-2.748
RC3	1	5	-0.149	-0.945	-0.579	-1.832
RC2	1	5	-0.124	-0.783	-0.548	-1.732
RC1	1	5	0.046	0.292	-0.331	-1.048
BSC3	1	5	-0.431	-2.724	-0.235	-0.742
BSC2	1	5	-0.216	-1.366	-0.386	-1.219
BSC1	1	5	-0.245	-1.547	-0.488	-1.543
HA3	1	5	-0.422	-2.672	-0.688	-2.176

题项	最小值	最大值	偏度	偏度系数	峰度	峰度系数
HA2	1	5	-0.558	-3.529	-0.485	-1.534
HA1	1	5	-0.580	-3.671	-0.414	-1.310
DSA3	1	5	0.862	5.451	-0.104	-0.328
DSA2	1	5	0.797	5.040	-0.172	-0.543
DSA1	1	5	0.560	3.542	-0.692	-2.190
多元					49.346	14.245

3.信度分析

信度检验是为了检验测量工具的可靠性和有效性。更高的信度意味着测量工具更加稳定，随机误差的影响更小以及测量的结果更加可信。在进行信度和效度分析之前，本研究应用SPSS 26.0对"推"、"拉"、系泊因素、承诺及转换意愿的题项进行了探索性因子分析。本研究的KMO值为0.847>0.6，Bartlett's球形检验的显著性为0.000<0.05，表明适合做因子分析。

进行探索性因子分析时设置的可以接受的最低因素载荷值为0.6，共提取出6个特征值大于1的因子（如表5-5所示）：不满、相对挑战、桥接社会资本、习惯、诺和转换意愿。

本研究的因子载荷值为在0.818-0.917之间（表5-5），提取出的6个因子的累计可解释的方差为85.865%>60%，表明题项间的清晰度较高（表5-6）。

表5-5 因子分析结果

	因子					
	1	2	3	4	5	6
RC2	0.917	-0.012	0.203	0.035	0.094	-0.098
RC3	0.917	-0.072	0.187	0.012	0.048	-0.095
RC1	0.888	-0.031	0.177	0.032	0.065	-0.163
HA3	-0.038	0.915	-0.057	0.108	-0.06	0.14
HA2	-0.037	0.894	-0.124	0.07	-0.145	0.184
HA1	-0.038	0.884	-0.07	0.043	-0.147	0.192
SI3	0.165	-0.101	0.889	-0.026	0.17	-0.192
SI1	0.286	-0.034	0.852	-0.048	0.132	-0.17
SI2	0.195	-0.14	0.831	-0.082	0.189	-0.188
BSC1	0.042	0.077	-0.061	0.914	-0.106	0.082
BSC2	0.042	0.016	-0.028	0.882	-0.11	0.179
BSC3	-0.009	0.121	-0.045	0.869	-0.108	0.169
DSA3	0.112	-0.08	0.092	-0.153	0.904	-0.086
DSA2	0.102	-0.144	0.15	-0.122	0.888	-0.131
DSA1	-0.004	-0.142	0.229	-0.075	0.819	-0.21
CO3	-0.128	0.207	-0.191	0.196	-0.149	0.857
CO1	-0.164	0.186	-0.183	0.171	-0.172	0.838
CO2	-0.134	0.227	-0.221	0.171	-0.153	0.818
提取方法：主成分分析；旋转法：最大方差法；旋转在6次迭代后已收敛						

应用SPSS 26.0计算的各因子的Cronbach Alpha的值在0.897-0.932之间，全部大于0.7，表明本研究的各因子均具有较高的信度。表5-6展示了上述指标的具体数值。

表5-6　信度分析及方差解释

因子			特征值	Cronbach's α	方差%	累积方差%
1	RC	RC2	6.484	0.932	15.049	15.049
		RC3				
		RC1				
2	HA	HA3	2.893	0.921	14.736	29.784
		HA2				
		HA1				
3	SI	SI3	1.995	0.914	14.147	43.931
		SI1				
		SI2				
4	BSC	BSC1	1.690	0.897	14.108	58.039
		BSC2				
		BSC3				
5	DSA	DSA3	1.305	0.901	14.052	72.090
		DSA2				
		DSA1				
6	CO	CO3	1.090	0.920	13.775	85.865
		CO1				
		CO2				

4.效度分析

聚敛效度

表5-7　聚敛效度

因子			Loading	CR	AVE
不满（DSA）	→	DSA1	0.798	0.904	0.760
	→	DSA2	0.924		
	→	DSA3	0.888		
习惯（HA）	→	HA1	0.869	0.920	0.793
	→	HA2	0.914		
	→	HA3	0.888		
桥接社会资本（BSC）	→	BSC1	0.897	0.898	0.746
	→	BSC2	0.853		
	→	BSC3	0.840		
相对挑战（RC）	→	RC1	0.865	0.933	0.823
	→	RC2	0.938		
	→	RC3	0.917		
承诺（CO）	→	CO1	0.879	0.921	0.796
	→	CO2	0.869		
	→	CO3	0.927		
转换意愿（SI）	→	SI1	0.882	0.916	0.784
	→	SI2	0.851		
	→	SI3	0.922		
Loading：标准化因子载荷值，CR：组合信度，AVE：平均方差提取值					

75

测量模型被认为具有良好的聚合效度的标准（Hair et al., 2009）通常包括：标准化因子载荷值大于0.5，平均方差提取（AVE）大于0.5，组合信度（CR）大于0.7。

本研究应用AMOS 25.0对不满、相对挑战、桥接社会资本、习惯、承诺和转换意愿计6个因子进行了验证性因子分析。结果显示其标准化因子载荷值（Loading）居于0.798-0.938之间（表5-7），均大于0.5；组合信度的值居于0.898-0.933之间，全部大于0.7；平均方差提取的值居于0.746-0.823之间，均大于0.5。因此，可以认为本研究的所有因子均满足收敛效度的条件。

区别效度

为了检验区分效度，根据Hair et al.（2009）的建议，各因子的平均方差提取（AVE）的平方根应该大于它与其它结构的相关系数。

在表5-8中，对角线上的元素（各因子的AVE的平方根）均大于矩阵中其它元素（各因子与其它因子的相关系数），因此结果表明本研究的各因子表现出较好的区分效度。

另外，为了避免多重共线性导致标准误差的增加，Hair et al.（2009）认为VIF（方差膨胀因子）的值应小于10。应用SPSS 26.0以转换意愿为因变量，以不满意、习

惯、桥接社会资本和承诺为自变量进行回归分析，由结果
（表5-8）可以看出，各因子的VIF值分布在1.153-1.634之
间，均小于10，因此，本研究不存在显著的多重共线性。

表5-8　区别效度

因子	1	2	3	4	5	6
1不满	**0.872**					
2习惯	-.308**	**0.891**				
3桥接社会资本	-.279**	.200**	**0.864**			
4相对挑战	.200**	-.129*	0.012	**0.907**		
5承诺	-.405**	.445**	.374**	-.319**	**0.892**	
6转换意愿	.397**	-.253**	-.153*	.452**	-.475**	**0.885**
VIF	1.268	1.279	1.222	1.153	1.634	

5.模型拟合优度

适配度指数能够反映出理论数据与样本数据的吻合程
度。卡方值（χ^2）能够检验观察到的协方差矩阵与估计
协方差矩阵之间的差，但是它会受到样本容量与模型自由
度的影响（Hair et al., 2009）。Hair et al.（2009）提出当样
本容量小于750时，$\chi 2{:}df=3{:}1$或更小将意味着模型的拟
合是良好的。如果卡方检验的p值较大（≥0.05），说明两
个协方差矩阵在统计学上无差异。

表5-9　结构模型的拟合指标

指标	参考值	实际值
χ^2		130.693
df		122
χ^2/df	≤3.00	1.071
p	≥0.05	0.279
GFI	≥0.90	0.945
AGFI	≥0.90	0.923
CFI	≥0.90	0.997
TLI	≥0.90	0.997
RMSEA	≤0.08	0.017
RMR	≤0.05	0.047

本研究的其它的拟合指数的结果均高于推荐阈值（GFI=0.945，AGFI=0.923，CFI=0.997，TLI=0.997，RMSEA=0.017，RMR=0.047），显示出良好的模型拟合度（表5-9）。

6.共同方法变异检验

由于本研究的样本数据是基于横断面调查的，应用控制未测量的潜在因素的影响的方法以检验可能存在的共同方法变异（CMV）（Lindell & Whitney, 2001）。该方法通过在理论结构的基础上添加一个公共变异因子M（M可以被解释为模型中所有观测变量的共同原因）（Lindell &

Whitney, 2001）构建共同方法变异模型，如果共同方法变异模型的拟合指数未能优于理论模型，表明测量中不存在明显的共同方法变异（Lian et al., 2018）。

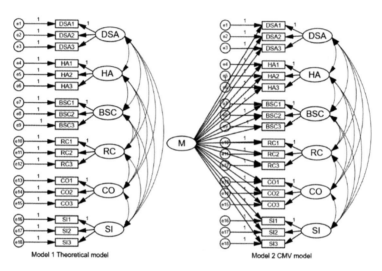

图5-1　理论模型和共同方法变异模型

本研究应用Amos 25.0构造了包含公共变异因子（M）的模型2（图5-1），其与理论模型（mode1）比较的结果（表5-10）显示，△RMSEA和△SRMR均小于0.05，△GFI和△TLI均小于0.1，这意味着本研究没有明显的共同方法变异。

表5-10　共同方法变异检验

指标	模型	
	M1	M2
X2/df	1.087	1.234
RMSEA	0.019	0.031
RMR	0.047	0.083
GFI	0.946	0.940
TLI	0.996	0.989
△RMSEA	-0.012	
△RMR	-0.036	
△GFI	0.006	
△TLI	0.007	

7.假设检验

结构方程模型是应用线性方程系统地表示观测变量与潜变量之间，以及潜变量相互之间的关系的一种估计技术（Hair et al., 2009）。

本研究应用AMOS 25.0构建结构方程模型，使用最大似然法计算潜变量之间的路径系数和显著性，以及潜变量之间的相互关系。

直接效应检验

总体来看，本研究的模型对直接效应的参数的估计结果（表5-11）均达到统计学意义上的显著水平。

从PPM模型的视角看：当玩家对当前的移动游戏不满时或认为其它移动游戏更有挑战性时将更愿意转换到其它移动游戏。因此H1和H4均得到支持。

表5-11 直接效应的结果

结构路径		B	S.E.	P	Beta	结果
H1	不满 →转换意愿	0.204	0.063	0.001	0.210	支持
H2	不满 →承诺	-0.168	0.064	0.008	-0.170	支持
H3	相对挑战 →承诺	-0.261	0.060	***	-0.254	支持
H4	相对挑战 →转换意愿	0.330	0.063	***	0.326	支持
H5-1	习惯 →承诺	0.328	0.062	***	0.328	支持
H5-2	桥接社会资本 →承诺	0.343	0.076	***	0.282	支持
H8	承诺 →转换意愿	-0.305	0.066	***	-0.310	支持
Note: ***p<.001 B: 非标准化系数，Beta: 标准化系数						

从投资模型的视角看：对于承诺的预测，当玩家对当前的移动游戏比较不满时或者认为其它移动游戏的质量（相对挑战）比较高时，会表现出对当前移动游戏较低的承诺水平，即他们不愿意维持与当前移动游戏的关系。当玩家认为在当前的移动游戏的投资规模（习惯和桥接资本）比较高时，更倾向于维持与当前移动游戏的关系。对当前的移动游戏的承诺较高的玩家不愿意转换到其它移动游戏。也就是说，H2、H3、H5和H8得到了支持。

R^2（SMC，多元相关平方）可以反映结构模型中的自变量对因变量的解释能力。R^2值越高，回归方程的解释能力就越强，对因变量预测的效果就更加准确（Hair et al., 2009）。在本研究中，不满、习惯、桥接社会资本、相对挑战及承诺共同解释了转换意愿的39.8%，承诺被解释了42.6%，表明在本研究的模型中的自变量能够很好地解释承诺及转换意愿（表5-12）。

表5-12 多元相关平方

构念	承诺	转换意愿
SMC（%）	42.6	39.8

调节效应检验

表5-13表明习惯调节了相对挑战与转换意愿之间的关系（β=-0.150, p=0.022<0.05）。

表5-13　调节效应

假设	B	S.E.	Beta	95%CI		结果
				Lower	Upper	
H6-1	0.006	0.051	0.007	-0.107	0.115	不支持
H6-2	0.027	0.073	0.027	-0.138	0.198	不支持
H7-1	-0.150	0.065	-0.146	-0.280	-0.021	支持
H7-2	-0.064	0.062	-0.063	-0.196	0.062	不支持

图5-2进一步展示了简单的斜率分析。当玩家认为其它移动游戏的挑战性很低时，无论玩家在当前的移动游戏中的习惯程度是否存在差异（如新玩家和老玩家），都不愿意转换到其它移动游戏（β_1=-0.372，β_2=-0.404）。

然而当玩家认为其它移动游戏更有挑战性时，对当前的移动游戏的习惯程度比较低的玩家（如新玩家），更有可能受到其它移动游戏的吸引力的影响而转换到其它移动游戏（β=0.404）。相反，已经习惯了玩当前的移动游戏的玩家（如老玩家），对转换到其它移动游戏表现得并没有那么积极（β=0.158）。

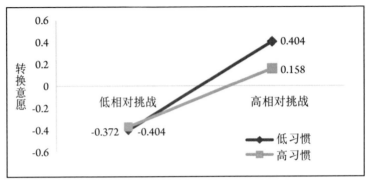

图5-2　习惯对相对挑战和转换意愿的调节作用

　　由于经常玩，玩家已经适应了当前的移动游戏，并具备了一定程度的游戏技能。在不知不觉中，玩该游戏已经成为玩家的一种习惯，如经常的、无意识的访问。因此比起新玩家，他们能够更加抵制其它移动游戏的挑战性，更愿意维持与当前移动游戏的关系。这与先前的研究的结果是一致的（Wang, S. et al., 2020）。尽管目的地很有吸引力，但考虑到已经习惯了目前的居住地，移民还是打算留在原住地（Lee, E. S., 1966）。

　　在本研究中，那些因为不满意当前的移动游戏打算转换到其它移动游戏的玩家，他们的决定不易受到在当前的移动游戏中的习惯的程度的影响。可能的一个解释是即使玩家已经习惯了当前的移动游戏，也无法忍受当前移动游戏中的各种不满意的体验（Liu, J. & Lee, 2020）。因此，他们更愿意转换到其它移动游戏，开始一段新的关系。这与之前的研究结果是类似的（Ye & Potter, 2011），证实了原住地的"推"因素是促使移民迁移的一个非常重要的原因。

此外，桥接社会资本未能影响"推"和"拉"效应与转换意愿之间的关系。当玩家对当前的移动游戏不满时，或者认为其它移动游戏更有挑战性时，将更倾向于玩其它的移动游戏。而且，该决定不会受到玩家在当前的移动游戏中的已经建立的桥接社会资本的水平的影响。移动游戏虚拟世界中建立的桥接性社会资本不同于现实世界，它能够提供给玩家的互惠是非常有限的，无法为将玩家留在当前的移动游戏内提供更强的力量（Liu, J. & Lee, 2020）。这支持了一致的行动路线的概念，即尽管每条路线都有可被称赞之处，行动者仍然会拒绝一些替代方案而选择一条最符合他的目的的路线，以最大化满足个人的需求（Becker, 1960）。

因此H6未得到支持，H7仅得到部分支持。

间接效应检验

在本研究中，不满、习惯、桥接社会资本和相对挑战对承诺的显著影响，以及承诺对转换意愿的影响（表5-8）被观察到。因此，本研究还尝试分析了承诺在研究

框架中的作用，即从投资模型的角度检验不满、投资规模
（习惯和桥接社会资本）和替代者质量（相对挑战）通过
承诺对转换意愿的间接效应。

　　在本研究中，由于部分自变量（习惯与桥接社会资本）
与因变量（转换意愿）之间的直接效应无法被直接观测。
因此，无法应用因果步骤分析法（Baron & Kenny, 1986）检
验本研究的间接效应。

　　系数乘积法可以推断任何干预变量模型中的间接影
响，而不管X和Y之间的路径有多复杂和有多少，即使这
些路径以相反的方向运行（Hayes, 2009）。这和本研究的
情境非常相似。如习惯对承诺的影响是积极的，但是承诺
对转换意愿的影响却是消极的。

　　本研究的各特定间接影响的95%的偏差校正置信区间
都不包含0（表5-14），因此间接效应是显著的（Hayes,
2009）。表明不满、习惯、桥接社会资本和相对挑战能够
通过承诺间接影响玩家的转换意愿。另外，不满和相对挑
战对转换意愿的直接效应和总效应都是显著的。表明不满
和相对挑战不仅能够直接影响转换意愿，而且能够通过承
诺间接影响转换意愿。

　　由于承诺的间接作用，玩家对当前的移动游戏的不满
每升高一个单位，对转换意愿的影响将由0.204个单位升高
至0.255个单位，升高了0.051个单位。这是由于对当前移

表5-14　间接效应

结构路径		B	S.E.	p	Beta	95%CI	
						Lower	Upper
不满	DE	0.204	0.063	0.001	0.210	0.106	0.315
	IE	0.051	0.024	0.027	0.053	0.020	0.105
	TE	0.255	0.064	0.000	0.262	0.158	0.368
习惯	DE						
	IE	-0.100	0.030	0.001	-0.102	-0.156	-0.058
	TE	-0.100	0.029	0.000	-0.102	-0.156	-0.058
桥接社会资本	DE						
	IE	-0.105	0.036	0.001	-0.087	-0.166	-0.060
	TE	-0.105	0.032	0.007	-0.087	-0.166	-0.060
相对挑战	DE	0.330	0.063	0.000	0.326	0.224	0.446
	IE	0.080	0.030	0.001	0.079	0.039	0.139
	TE	0.409	0.068	0.000	0.404	0.298	0.523

动游戏的不满程度越高，玩家对当前移动游戏的承诺水平就越低；对当前移动游戏的承诺水平越低，玩家就越有可能转换到其它移动游戏。

由于承诺的间接作用，相对挑战每升高一个单位，对转换意愿的影响将由0.330个单位升高到0.409个单位，升高了0.080个单位。因为玩家越喜欢玩更有挑战性的其它移动游戏，他们对当前移动游戏的承诺水平就越低。对当前移动游戏承诺水平越低意味着玩家转换到其它的移动游戏的可能性就越高。

通过承诺，习惯与桥接社会资本每升高一个单位，对转换意愿的影响将分别降低0.100和0.105个单位。这是因为玩家越习惯于玩当前的移动游戏（或者他们已经在当前的移动游戏中建立起较多的桥接社会资本），他们对当前移动游戏的承诺水平就越高，就越不愿意转换到其它移动游戏。

这些发现与投资模型（Rusbult et al., 2011）的观点是一致的，表明承诺是投资模型中一个非常重要的变量。

由表5-8可以看出投资规模（习惯和桥接社会资本）与转换意愿均有显著相关（习惯=-.253；桥接社会资本=-.153）。为进一步分析承诺在投资规模与转换意愿之间的具体作用，将转换意愿对习惯和桥接社会资本唯一地回归，结果如表5-15所示。

表5-15　承诺的中介作用检验

结构路径		B	S.E.	P
习惯→转换意愿	单独回归	-0.266	0.067	***
	引入承诺	-0.043	0.070	0.539
桥接社会资本→转换意愿	单独回归	-0.188	0.084	0.026
	引入承诺	0.061	0.083	0.462

习惯和桥接社会资本与转换意愿的单独的回归系数均显著（习惯=-0.266，桥接社会资本=-0.188）。但引入承诺后，被承诺连接的习惯和转换意愿之间的联系变得不显著。类似地，桥接社会资本与转换意愿之间的联系也因承诺的引入变得不显著。

综合以上分析，可以得知习惯和桥接社会资本通过承诺与转换意愿的间接效应和总效应是显著的，直接效应不显著。这表明在本研究的模型中习惯和桥接社会资本不能直接影响转换意愿，但是可以通过承诺间接影响转换意愿（Baron & Kenny, 1986）。

表5-16展示了各自变量对于中介变量（承诺）与因变量（转换意愿）的影响（标准化的直接，间接和总效应）。对于中介变量（承诺），习惯的总效应为0.328，在所有自变量中的影响最大（31.7%）。桥接社会资本为0.282（27.3%）、相对挑战为-0.254（24.6%），不满意为-0.170（占16.4%）。

对于因变量（转换意愿），相对挑战对转换意愿的总效应最高，为0.404，占所有自变量的34.7%，承诺为-0.310（占26.6%），不满意为0.263（占22.5%），习惯为-0.102（占8.7%），桥接社会资本为-0.087（占7.5%）。

表5-16　标准化的直接效应，间接效应与总效应

构念		承诺	百分比	转换意愿	百分比
不满	SDE	-0.170**		0.210**	
	SIE			0.053*	
	STE	-0.170**	16.4%	0.262*	22.5%
习惯	SDE	0.328***			
	SIE			-0.102**	
	STE	0.328***	31.7%	-0.102**	8.7%
桥接社会资本	SDE	0.282***			
	SIE			-0.087**	
	STE	0.282***	27.3%	-0.087**	7.5%
相对挑战	SDE	-0.254***		0.326***	
	SIE			0.079**	
	STE	-0.254***	24.6%	0.404***	34.7%
承诺	SDE			-0.310**	
	SIE				
	STE			-0.310**	26.6%
总计		1.034	100%	1.166	100%

说明：SDE：标准化直接效应，SIE：标准化间接效应，STE：标准化总效应，* p<.05, ** p<.01, *** p<.001

　　图5-3更加清晰地揭示出4个自变量在不同阶段对中介变量和因变量的不同的影响。在第一阶段，习惯和桥接社会资本对承诺的影响最高（0.328和0.282）。在第二阶段，由于承诺的间接作用，习惯和桥接社会资本对转换意愿的影响是比较微弱的（-0.102和-0.087）。

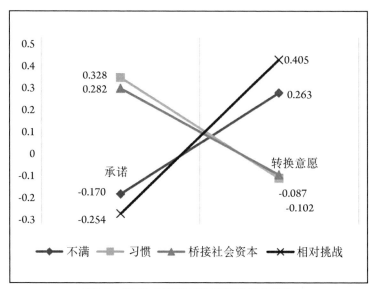

图5-3 推-拉-系泊效应在不同阶段的影响

与此相反，在第一阶段，相对挑战和不满意对承诺的影响较小（-0.254和-0.170）。在第二阶段，由于承诺的间接作用，相对挑战和不满意对转换意愿的影响表现出了较强的影响（0.405和0.263）。

根据PPM模型，比起"推"而言，"拉"因素对转换意愿（0.405>0.263）的总效应更高，但是未达显著性水平（p=0.217）。根据投资模型，由于承诺的间接作用，来自其它移动游戏的挑战性对玩家的转换意愿的影响可能比对当前移动游戏的不满更强。

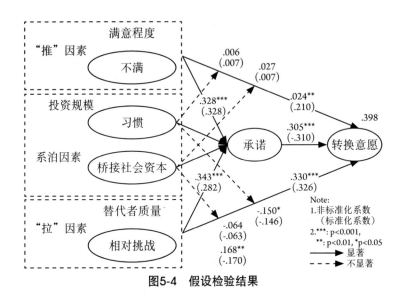

图5-4 假设检验结果

类似地，系泊因素中的习惯对转换意愿的影响略高于桥接社会资本（|-.102|>|-0.087|），但同样未达到显著水平（p=0.655）。从投资模型的角度来看，这说明作为玩家在当前的移动游戏中投资的结果，习惯和桥接社会资本通过承诺对转换意愿的影响并无显著性差异。

图5-4显示了本研究总的假设检验的结果。

8.稳健性检验

前面已经讨论过本研究的样本数据近似符合多维变量

的正态性分布（多元偏度为49.3，略高于49.1）。为了验证测量使用的恰当性以及参数估计值的稳定性与可靠性，根据Camponovo and Otsu（2015）推荐的方法，应用AMOS中的Bootstrapping进行研究数据的稳健性检验。

表5-17　直接效应的稳健性检验

结构路径	ML		Bootstrapping		Bias	
	B	S.E.	Mean	SE	△B	△S.E.
H1: DSA→SI	0.204	0.063	0.207	0.071	0.003	0.008
H2: DSA→CO	-0.168	0.064	-0.168	0.069	0.000	0.005
H3: RC→CO	-0.261	0.060	-0.262	0.069	-0.001	0.009
H4: RC→SI	0.330	0.063	0.328	0.075	-0.001	0.012
H5-1: HA→CO	0.328	0.062	0.327	0.064	-0.001	0.002
H5-2: BSC→CO	0.343	0.076	0.343	0.080	0.000	0.004
H8: CO→SI	-0.305	0.066	-0.304	0.073	0.001	0.007

在本研究中，与应用Bootstrapping估计的参数相比，基于AMOS的ML法估计的直接效应与调节效应的参数的偏差（Bias）（表5-17与表5-18）在0.000-0.006之间，标准误

的偏差分别在0.000-0.006与0.001-0.013之间，表明本研究使用的测量是恰当的，各项参数的估计值是稳定的。

表5-18　调节效应的稳健性检验

结构路径	ML		Bootstrapping		Bias	
	B	S.E.	Mean	SE	△B	△S.E.
H6-1: DSA*HA→SI	0.006	0.051	0.003	0.057	-0.003	0.006
H6-2: DSA*BSC→SI	0.027	0.073	0.032	0.086	0.004	0.013
H7-1: RC*HA→SI	-0.150	0.065	-0.143	0.066	0.006	0.001
H7-2: RC*BSC→SI	-0.064	0.062	-0.069	0.067	-0.005	0.005

　　同样，自变量和中介变量在不同阶段的标准化的直接、间接和总效应的偏差均在0.000-0.001之间（表5-19）。

表5-19　在不同阶段直接和间接效应的稳健性检验

构念		承诺			转换意愿		
		ML	Mean	Bias	ML	Mean	Bias
不满	SDE	-0.170**	-0.168	0.002	0.210**	0.209	-0.001
	SIE				0.053*	0.052	-0.001
	STE	-0.170**	-0.168	0.002	0.263*	0.261	-0.001
习惯	SDE	0.328***	0.327	-0.001	-	-	-
	SIE				-0.102**	-0.102	0.000
	STE	0.328***	0.327	-0.001	-0.102**	-0.102	0.000
桥接社会资本	SDE	0.282***	0.284	0.002	-	-	
	SIE				-0.087**	-0.088	-0.001
	STE	0.282***	0.284	0.002	-0.087**	-0.088	-0.001
相对挑战	SDE	-0.254***	-0.254	0.000	0.326***	0.326	0.000
	SIE				0.079**	0.079	0.000
	STE	-0.254***	-0.254	0.000	0.404***	0.405	-0.001
承诺	SDE				-0.310**	-0.310	0.000
	SIE						
	STE				-0.310**	-0.310	0.000
SDE：标准化直接效应，SIE：标准化间接效应，STE：标准化总效应; * p<.05, ** p<.01, *** p<.001							

六、讨论和结论

1.讨论

本研究旨在将推-拉-系泊模型与投资模型扩展到移动游戏情境以探讨影响玩家转换意愿的因素。实证结果表明不满、习惯、桥接社会资本和相对挑战解释了承诺的42.6%。不满、习惯、桥接社会资本、相对挑战和承诺解释了转换意愿的39.8%。

"推"因素（满意程度）

满意／不满一直受到研究者们的关注（Bansal, Harvir S. et al., 2005; Chang, I. C. et al., 2014; García & Rafael, 2019），因为它与客户的忠诚度有着非常密切的关系（Hsu, J. S.-C.,

2014）。本研究将不满视为投资模型的一个构念以及PPM模型的"推"因素。目的是探讨在移动游戏情境中对当前移动游戏不满的玩家将会更倾向于维持与当前移动游戏的关系还是转换到其它移动游戏。

本研究结果揭示了对当前移动游戏不满的玩家有可能转换到其它移动游戏，与先前应用PPM模型的研究结果保持了一致（Djusmin & Dirgahayu, 2019; Kim, G. et al., 2006）。对当前移动游戏高度不满的玩家表现出了对当前移动游戏的更低的承诺，他们不愿意维持与当前移动游戏的关系。这一发现支持了先前应用投资模型的研究的结果（Fu, 2011; Rusbult, 1983; Uysal, 2016; Xu, X. et al., 2013）。

满意度是一个重要的因素，它很容易保持致力于一个快乐和满意的关系（Rusbult & Martz, 1995）。满意是期望和不一致的函数（Park & Ryoo, 2013）。根据期望确认理论（Oliver, Richard L., 1980），个体如果认为对某项产品或服务的实际体验优于期望绩效，就会产生满意。人们在期望水平和稍低于期望水平的容忍水平之间实现自己的价值体系，并从自己的努力中获得满足感（Moon, 1995）。当用户感到真正被说服和满足时，满意度是促使他们留下来的力量（Chuang, 2011）。

对当前关系的满意程度会受到玩家在游戏中所获得的利益和愉悦感的认识的影响。玩家投入到一个移动游戏的成本（如时间和精力）会随着时间的推移而得到更多的回报（如游戏等级的增加，获得更多、更优化的虚拟道具）（Liu, J. & Lee, 2020）。回报的增加能够促进玩家的满足感和承诺的程度（Rusbult, 1983）。

与此同时，玩家与当前的移动游戏的冲突会导致感知到的满意度的下降，如缓慢的更新，昂贵的花费，游戏内的不公平等（Liu, J. & Lee, 2020）。当玩家认为由于游戏提供者的责任而不是外部环境或偶然原因导致这些不愉快的体验变成一种相当稳定的行为成本时，就会表现出更低的承诺水平（Rusbult & Martz, 1995）。

玩家会根据对当前移动游戏内未来可能获得的快乐与愉悦的乐观程度做出反应。当他们认为目前的环境无法为自己提供合理的未来前景时，玩家与当前的移动游戏的关系将会降低至令人威胁的较低的水平。此种情形下，玩家迁移到一个新的可能会带给他／她更高的满意的移动游戏将是非常容易理解的。

"拉"因素（替代者质量）

主观感知的积极挑战是保持用户兴趣和参与的关键（Merikivi et al., 2016）。挑战对娱乐（Merikivi et al., 2017; Nguyen, 2015）、流（Teng, C. I., 2013）和游戏成瘾的影响以及如何从游戏动机的角度理解挑战受到了研究者普遍的关注（Hou, J., 2011; Kim, Y. Y. et al., 2014; Merikivi et al., 2016），然而，关于挑战对承诺和玩家转换意愿之间的关系却很少被提及。

比起"推"因素，相对挑战作为PPM的"拉"因素对玩家转换到其它移动游戏的影响似乎更强。这意味着玩家转换到其它移动游戏的决定更容易受到外部"拉力"的影响。这个发现与Kim, Y. Y. et al.（2014）的研究结果是一致的。当玩家更愿意玩有挑战性的移动游戏时可能会转换到其它移动游戏。

另外，相对挑战作为投资模型的构念"替代者质量"降低了玩家对当前游戏的承诺。玩家感知到的其它移动游戏的质量越高，对当前移动游戏的承诺水平就越低。这支持了以前的研究者的结果（Teng, C.-I. et al., 2012; Teng, C. I., 2013）。

玩家选择维持与当前的移动游戏的关系还是投入到其它移动游戏形成新的关系，不仅仅是由于各种不满意或负效用的问题，还是两种根本不同的游戏方式之间的差别（Heberle, 1938）。移动游戏是一个独特的任务环境。移动游戏的提供者试图通过提供娱乐、享受、成就以及挑战以吸引玩家及增强他们玩游戏的意愿（Liao et al., 2016），但是每个玩家的技能水平具有很大的差异性，统一化的游戏系统很难满足全部玩家对于挑战的追求。

玩家在二种情境下更容易感知到其它移动游戏的挑战。一方面，玩家认为当前的移动游戏的挑战性很强，实现游戏内的目标是非常不容易的。由此产生强烈的挫折感（Liao et al., 2016）。另一方面，玩家对于当前的移动游戏已经驾驭自如，在游戏中的任何行为甚至是获得的虚拟财富都已经不能再激发他／她的任何兴趣。

在这些情况下，对于当前的移动游戏，玩家的技能和感知到的挑战都将无法维持在一个恰当的水平。这种失衡的状态（Kim, Y. Y. et al., 2014）很容易导致其它移动游戏的吸引力被放大，并使玩家感知到的离开目前的移动游戏的成本被降低，继而不愿意继续维持与当前的移动游戏的关系。

为了获得更多的功能和利益，拥有高度特定技能的玩家将继续寻找那些更有挑战性、更有吸引力、能够更好地发挥他们的才能的特定移动游戏，尽管这种吸引力是否能够与自己的预期水平一致是相当不确定的（Liu, J. & Lee, 2020）。正如一位参与者所说：

> 虽然我并不能非常确定另外一款移动游戏是否更有趣，更有挑战性，但我认为玩一款新的游戏本身就是一种挑战。

系泊因素（投资规模）

　　源于个人、文化或社会的系泊因素可能会促进或抑制个人的迁移决定。本研究还探讨了个人（习惯）和社会（桥接社会资本）因素对承诺以及通过承诺对转换意愿的影响。基于投资模型，习惯和桥接社会资本的形成过程也是玩家将大量的时间、精力甚至金钱投资于当前的移动游戏的过程。习惯和桥接社会资本积极影响承诺的结果与投资模型（Rusbult, 1980, 1983）理论保持了一致。玩家在当前移动游戏的投资规模越大，他们就越倾向于维持与当前移动游戏的关系。

（1）习惯

　　习惯是一种通过反复学习形成的自动反应。习惯的强度与时间和用户自身的行为特征有关。时间是形成习惯最重要的原因（Chuang, 2011）。

　　基于计划行为理论（Ajzen, 1985, 1987），玩家通过重复玩某一款游戏在游戏内建立起积极的信念（如玩这款移动游戏是有趣的）和相关的行为意愿（如我将继续玩这款移动游戏）（V. Venkatesh, 2012）。当玩家感觉到无聊的时候，情境会自发地触发积极的信念和行为意愿并进而触发行为。反复发生的行为使玩该移动游戏成为了一种习惯。

并且随着时间的推移，更强的习惯会导致更加自发性的行为，此时，玩这款移动游戏已经成为了玩家不假思索的自动反应。

用户自身的行为特征是影响习惯强度的另一个重要因素（Chuang, 2011）。一般地，如果情境没有发生改变，行为便依然会在极小的有意识的控制下自动执行（V. Venkatesh, 2012）。重复使用该产品的经验能够使消费者获得特定于该产品的技能，这是消费者偏好的关键驱动因素（Murray & Häubl, 2007）。

然而，环境一直都在变化，尤其是在信息技术快速发展的今天，如移动应用商店中每天都有大量的新的游戏上架，玩家可以选择的范围已经不可能受限于某一款游戏。另外，玩家的工作、学习和生活的环境也可能每天都在发生不同程度的变化。此种情形下，玩家是否还能自动执行已经形成的习惯就变得不那么确定。

由于已经熟悉了当前的移动游戏，对变化的环境不是很敏感的玩家将重复以前的信念，依赖已形成的更强的习惯来指导其行为（V. Venkatesh, 2012），即玩家将被习惯粘在当前的移动游戏。习惯是使玩家不知不觉地继续维持与当前的移动游戏的关系而不愿转换到其它移动游戏的强大的力量（Chuang, 2011）。

相反地，对变化的环境比较敏感的玩家更容易感知到其它移动游戏的吸引力。这种吸引力将减弱玩家以前的信念，减少行为的自动触发，以及降低习惯的强度，甚至可能导致玩家脱离与当前移动游戏的关系，转换到其它移动游戏。因为玩家的内在动机是将自己置身于能够增加乐趣的情境中（Bostan & Öğüt, 2009）。这支持了Murray and Häubl（2007）的观点，即当与竞争者相关的目标被激活时，大多数参与者选择了竞争者，而当与现任者相关的目标被激活时，大多数参与者选择了现任者。

（2）桥接社会资本

　　资本的积累是组织的运营和扩张的前提。同样地，与物质资本和人力资本相似，积累的社会资本也会影响个人和群体的生产力（Putnam, R. D., 2000）。个体的个人经历与更大范围的社会结构密切相关（Granovetter, 1973）。Maslow（1943）认为人的基本需求包括生理、安全、爱、尊重和自我实现，如果个人的生理需求和安全需求都得到很好的满足，那么就会产生爱、情感和归属感的需求。这种需求不仅仅包括与家庭成员的关联，也包括与同伴在一起成为比家庭更大的群体的一部分的愿望（Hanifan, 1916）。在移动游戏中，玩家能够通过桥接社会资本与家庭之外的更多的成员及更大的群体建立联系，能够在与社区成员的交往中发现友谊和同情心的好处，并可以通过扩大接触人员的范围积累社会资本以满足个人在家庭内无法获得的社会需求（Hanifan, 1916）。

人际关系纽带的"强度"可以反应在时间量、情感强度、亲密度（相互信任）和互惠服务等方面（Granovetter, 1973）。被强纽带联结的个体会在更多的方面表现出相似性，因此强纽带倾向于集中在特定的群体中。而被弱纽带联结的不同小群体的成员会对自己朋友圈子之外的世界的了解得更多。与弱纽带相似的一个概念便是桥接社会资本。桥接社会资本更适合于与外部资产的连接和信息传播（Putnam, R. D., 2000）。在移动游戏中，玩家间的游戏角色与游戏技能是相似的，但是玩家间的性格、文化、知识程度却迥然不同。这种个体属性的差异能够让玩家的社交资本变得更加丰富，并促进玩家间产生更广泛的身份认同和互惠。

玩家在移动游戏内的桥接社会资本包括线上和线下的桥接社会资本。线上桥接社会资本来源于在游戏内新形成的人际关系，可能是随机匹配时遇到并成为好友的陌生玩家，可能是公会的成员，也可能是组队游戏时结识的朋友（Putnam, R. D., 2000）。线下桥接社会资本的形成与以前的弱关系有关，如同以前并不是特别熟悉的朋友通过移动游戏建立起了新的联系（Norris, 2002）。

玩家基于游戏内的反馈／互动系统能够促进彼此之间的合作，共同克服游戏挑战，产生更有趣的游戏体验

（Nguyen, 2015）。无论是与线上还是线下桥接社会资本的人际互动都能够激发玩家在游戏中的积极性（Teng, C.-I. et al., 2012）。有证据表明，在集体游戏中，玩家能够产生新的行为、习惯和情感，因此与单打独斗的玩家相比，玩家会更频繁、更激烈地参与集体游戏（Lazzaro, 2004）。此外，群体内部的相互依赖能够让玩家认为他们的虚拟角色就是他们真实的自我，并对帮助自己在游戏内获得成就的玩家产生严重依赖（Teng, C. I., 2013）。

承诺

在本研究中，玩家对当前移动游戏的承诺越高，就越不愿意转换到其它的移动游戏。这支持了先前的研究（Lin & Chiang, 2019; Odrowska & Massar, 2014）。不满，习惯，桥接社会资本和相对挑战通过承诺间接影响转换意愿。以上结果进一步支持了投资模型在移动游戏领域的应用。

承诺是理解一段关系时的一个重要的因素（Bansal, Harvir S. et al., 2004; Rusbult, 1980; Uysal, 2016）。承诺能够影响用户在与组织的关系中的行为方式，能够影响用户离开或停留的决定（Bansal, Harvir S. et al., 2004）。承诺水平是理解维持关系的决定的关键（Rusbult & Martz, 1995）。

承诺是社会行动者愿意为社会系统奉献自己的能量和忠诚的自我表达，是人格系统对社会关系的依恋，是一种结合了组织需要和个人体验的平衡（Kanter, 1968）。承诺可以分为持续性承诺、情感性承诺及规范性承诺。本研究关注的是持续性承诺。持续性承诺来自于成员对社会角色或社会系统中的位置的认可，即成员将根据奖惩、利润和成本来行动而不是依附于情感或评价（Kanter, 1968）。

　　社会系统期待成员能够积极地参与，如忠诚、爱、奉献和服从。成员会根据自己的情绪，智力和经历以积极或消极地适应环境。在这个过程中，如果个人的侧注被押在目前的社会地位，那么这种侧注将会限制他／她当前的活动（Becker, 1960）。由于改变当前的活动需要放弃曾经的投资从而使个人离开组织成为一件既昂贵又困难的事（Buchanan, 1974），个体将不会选择可能无法适应的其它地位而选择留在原来的位置（Becker, 1960）。人们之所以行为一致是因为某种特定的活动在他们的社会或群体中被认为是正确的和适当的，而偏离这一标准的行为将会受到惩罚（Becker, 1960）。

　　类似地，玩家可能认为目前的移动游戏无法完全满足自己的需求，或者发现了更有吸引力的其它移动游戏。然而，必须明确的是更多与玩家的利益相关的东西（如角色的等级，游戏中的地位，和其他玩家的关系）都是与目前的移动游戏息息相关的。考虑到离开可能产生的经济、社会或心理成本的牺牲（Bansal, Harvir S. et al., 2004），忠诚

106

的玩家可能更倾向于留在当前的移动游戏中，而不是轻易地放弃与当前移动游戏的关系（Uysal, 2016）。

2.理论贡献

本研究结合PPM模型与投资模型探讨影响玩家转换意愿的因素。

不满作为投资模型的构念之一及PPM模型的"推"因素，相对挑战作为投资模型的构念"替代者质量"和PPM模型的"拉"因素，习惯和桥接社会资本作为投资模型的构念"投资规模"和PPM模型的系泊因素。

本研究至少在以下四个方面和以往的研究是不同的：

首先，本研究关注的视角是探讨可能影响移动游戏玩家转换意愿的因素。关于移动游戏，多数的研究者把焦点集中于玩家的动机，影响满意的前因以及如何预防游戏成瘾。很少有研究者注意到玩家从一个移动游戏转换到另外一个移动游戏的现象。本研究关注的不仅是玩家在当前的移动游戏的感受，还有其它移动游戏对玩家的可能的影响，从而将研究的视角由当前的移动游戏扩展到更广泛的竞争者。

其次，将基于迁移理论的PPM模型应用于移动游戏转换的研究。迁移理论研究了移民为何从当前的居住地移动到另外一个新的地理区域。移动游戏转换与人类的迁移行为具有高度相似性。移动游戏不仅是一个游戏，也是一个虚拟世界。在移动游戏中，玩家可以自由选择游戏角色，自主安排游戏时间与进程。既可以享受一个人玩的乐趣，也可以体验与其他玩家互动所带来的不同的体验。对玩家来说，转换意味着他们需要离开原来已经玩了一段时间的移动游戏而选择另外一个新的移动游戏，这就像原住民离开他们已经生活多年的原住地迁移到另外一个新的居住地一样（Liu, J. & Lee, 2020）。

本研究的结果表明来自当前移动游戏的"推"因素（不满意）和来自其它移动游戏的"拉"因素（相对挑战）越高，玩家转换到其它移动游戏的可能性就越大。玩家的系泊因素（习惯）调节了"拉"因素（更有挑战性的其它移动游戏）与玩家转换意愿之间的关系，证实了PPM模型可以被很好地应用于移动游戏情境。

第三、本研究将投资模型与PPM模型结合应用于移动游戏转换。投资模型最初被用于检验在一段持续的关系中是否能够预测承诺（Rusbult, 1980）。如有研究表明在一段有冲突的恋爱关系中，承诺会导致对伴侣更包容的行为（Rusbult, Verette, Whitney, Slovik, & Lipkus, 1991）。虽然已经有研究者将投资模型应用于游戏情境（Odrowska & Massar, 2014; Uysal, 2016），但这些研究或者只关注了亲昵关系（工会），或者只关注了承诺对适应行为的影响。他们没有考虑投资模型各构念对转换意图的影响，而且研究变量仅限于原始模型，没有扩展其他变量以更好地适应移动游戏的情境。

本研究的结果表明，玩家对当前移动游戏的承诺越高，越有可能维持与当前移动游戏的关系而不是转换到其它移动游戏。另外，投资规模（习惯和桥接社会资本）通过承诺间接影响玩家的转换意愿，投资模型的另外二个构念不满和替代者质量（相对挑战）不仅能够直接预测承诺，还能够通过承诺间接影响转换意愿。这些结果充分说明可以将投资模型应用于移动游戏情境，并证实了承诺在投资模型中的重要性。

第四、将相对挑战引入研究框架，探讨它对转换意愿的影响。对于挑战的研究，以前的研究者们更多地关注的是它与流或娱乐的关系。挑战与转换意愿的关系似乎是没有引起研究者们足够的重视。本研究发现在转换意愿的预测因子之中，更有挑战性的其它移动游戏的影响远远高于对当前移动游戏的不满与承诺。据此可知相对挑战在玩家的转换决定中扮演着非常重要的角色。

3.实践贡献

　　本研究结合PPM模型与投资模型的框架能够为移动游戏提供商及相关的政策制定者提供一些潜在的重要的见解。例如，如果仅仅关注"推"因素，即客户的不满，并不能充分的解释为什么有些不满的客户仍然留了下来，以及有些满意的客户却选择了离开。需要将PPM模型的"推"、"拉"和系泊因素与投资模型的核心构念——承诺一起分析，才能够从更全面的视角了解移动游戏玩家的转换。

　　首先，了解"推"（不满）和"拉"因素（替代者质量）对转换意愿的积极影响有助于营销者注意到既要关注玩家当前的体验也要关注竞争者的产品，以便制定更有效的客户获取／保持计划。

　　客户保持计划通常围绕"推"因素，即降低玩家在当前移动游戏内的不满以避免这些因素驱动他们离开当前的移动游戏。获取新客户的计划通常需要创建一个有吸引力的替代方案（即"拉"因素），以吸引新的玩家参与（Bansal, Harvir S. et al., 2005）。

　　在现实迁移中，人们迁移是因为原住地的生存条件和经济环境等问题（Lee, E. S., 1966）。在移动游戏这个虚拟世界中，导致玩家转换的"推"因素可能是因为缺乏新意的游戏设计，复杂的操作系统，低的娱乐性与服务质量带来的不满。诊断玩家决定终止关系的动机可以最大程度地避免玩家背叛。移动游戏提供者应该尽最大努力改善客户对游戏或服务的看法，确保他们不会遇到激怒、不安或极度不快的情况（Antón et al., 2007）。移动游戏提供者还应当以客户为导向，完善与玩家联系的渠道，缩短响应玩家请求的时间，及时了解玩家的体验与评价，并做出相应的调整以提高玩家的满意度。

来自竞争者产品的"拉"因素在本研究中表现为其它移动游戏更高的挑战性。和现实世界类似，虚拟世界的迁移也是为了追逐更好的生活质量（Hou, Avus C. Y. et al., 2011）。挑战是在各种信息技术环境中对流和享受最重要的预测因素之一，特别是在娱乐环境中（Merikivi et al., 2017）。首先，游戏提供者应当检查游戏的难度的设计是否合理。太难或太容易完成的目标都无法实现玩家对挑战性的追求，也无法让玩家体验到流和沉浸（Hsu, 2014）。其次游戏提供者应当检查游戏内容是否及时更新。久未更新的内容虽然能增加玩家的适应性，同时也会让玩家产生审美上的疲倦感，还会让高级别的玩家感到无事可做，因为他 / 她已经完成了当前游戏内的所有任务。

因此建议游戏提供者可以尝试：

(1) 游戏难度逐渐增加，以便让玩家更好地适应游戏；

(2) 通过机器学习技术，挖掘玩家游戏内数据，为不同技能程度的玩家提供个性化定制的目标，而不是制定一个粗略的、普遍的游戏等级；

(3) 及时更新游戏的内容或玩游戏的方法。如开放新的地图，设计新的技能体系，增强虚拟道具的属性，促进玩家的新奇性与挑战性；

(4) 提供差异化的游戏或服务。差异化的游戏或服务能够使自己与竞争对手明显地区分开，不但能够提升自己的品牌竞争力，也会降低竞争者的吸引力；

(5) 学习竞争者的优秀策略。模仿服务的成本远远低于模仿产品的成本，模仿服务的速度也快于模仿产品的速度。因此当竞争对手推出比较有吸引力的服务时，当前移动游戏的供应者也应该立即推出类似的服务，以消除这种吸引力（Hsu, 2014）。

优秀的竞争者的存在能够更快地促进企业的发展。移动游戏提供者的目光应当紧紧追随竞争者，了解竞争产品的性能及特点。移动游戏提供者还应该关注全球经济动态，寻求国家产业政策支持，了解最新的行业技术，增强自己的核心竞争力以加大竞争者模仿的难度（Chang, I. C. et al., 2014），延长移动游戏的生命周期。

其次，意识到系泊因素与"拉"因素的相互作用对转换意愿的影响是非常重要的，这能够为移动游戏提供者加强玩家的系泊系统提供启示。

本研究的结果显示对当前的移动游戏的习惯越强，玩家越不会受到更有挑战性的其它移动游戏的影响，越不可能转换到其它移动游戏（Hsu, J. S.-C., 2014）。由于习惯的自动化程度会随着时间的推移而得到加强，游戏移动提供者应当建立激励系统，在每天的不同时段内为定期访问游戏的玩家提供适当的奖励。难度较低、花费时间较少的任务系统也能够帮助玩家形成反复的、定时访问的习惯。

另外，更有远见的移动游戏提供者应当尽早成为市场先驱者。越早地占据市场，移动游戏提供者就能够有更多的时间为用户建立习惯提供支持。因为形成习惯的玩家通常更愿意保持这种稳定的行为而不愿意转换到其它移动游戏（Hsu, J. S.-C., 2014）。

最后，承诺在不满、习惯、桥接社会资本和相对挑战与转换意愿的关系中具有重要的间接影响。这一发现能够为移动游戏的提供者关注玩家的承诺提供方向。

社会秩序是承诺的客体，社会组织的差异能够影响承诺（Kanter, 1968）。获得持续性承诺的原因存在于社会系统层面——系统的组织方式，社会安排的影响，以及行动者是否倾向于积极地认知、表达和评价系统（Kanter,

1968）。游戏提供者应当引导玩家的积极的认知取向，并以一种有益的方式将玩家的积极认知与游戏系统联系起来。当玩家意识到积极参与移动游戏是可以获得收益的，可能更愿意致力于参与当前的游戏与活动（Kanter, 1968）。

影响承诺的关键因素是玩家在移动游戏内的投资规模。玩家在移动游戏中的投资涉及货币资本与非货币资本。货币资本一般体现为玩家为了在移动游戏中获得具有更好属性的装备或体验更酷的形象而支付的金钱，非货币资本包括个人投入到移动游戏中的时间和努力。

在移动游戏中与其他玩家产生的社会资本，能够让玩家体验到友谊以及共同游戏所带来的乐趣，能够让玩家更加适应游戏中的问题（Uysal, 2016）。游戏提供者还需要意识到社会资本不仅是玩家的"私人利益"也涉及到组织的"公共利益"（Putnam, R. D., 2000）。当一个特定社区内的人们的社会关系普遍融洽，组织的凝聚力便会得到提升（Hanifan, 1916）。

因此，移动游戏提供者可以结合线上和线下的各种活动促进玩家在移动游戏内的社会资本的投资。例如玩家可以在移动游戏内参与工会的活动并获得相应奖励，可以通过自己主动添加好友也可以通过系统推荐或随机匹配的方式与其他玩家建立更多的桥接社会资本。工会的成员或者好友之间可以通过赠送虚拟礼物加强关系。游戏提供者还可以通过线下的活动将玩家的线上社会资本扩展为线下社会资本，将桥接社会资本发展为结合社会资本，促进玩家更加稳定地留在当前的移动游戏中。

游戏提供者还应当制定长期的顾客忠诚计划。如玩家在游戏内的时间越久，获得的福利和体验到的功能就会越多。这些奖赏不但能凸显老玩家独特的优势，也能为将玩家锁定在当前的移动游戏提供支持。

总之，玩家在移动游戏内的投资越多，便会认为该移动游戏越有价值，对该移动游戏的承诺也会越强（Kanter, 1968）。即使对当前的移动游戏不是很满意，即使其它移动游戏更有吸引力，考虑到结束与当前的移动游戏的关系可能失去的收益，玩家将更倾向于维持与当前移动游戏的关系而不是转换到其它移动游戏（Uysal, 2016）。

4.结论

本研究通过对中国240位移动游戏玩家在线调查数据的分析，应用PPM模型和投资模型探讨影响移动游戏玩家转换意愿的因素。

从PPM模型的框架来看，对当前移动游戏的不满能够推动玩家离开当前的移动游戏，更有挑战的其它移动游戏能够拉动玩家离开当前的移动游戏。习惯作为系泊因素，能够影响玩家的转换决定。在当前的移动游戏中已经形成较强的习惯的玩家，更有可能抵制或忽略更有挑战性的其它移动游戏，继续留在当前的移动游戏而不是迁移到其它移动游戏。

　　从投资模型的框架来看，对当前的移动游戏越不满意，可替代的移动游戏的质量（相对挑战）越高，以及在当前的移动游戏内的投资规模（习惯和桥接社会资本）越低，玩家对当前的移动游戏的承诺水平就越低，继而越有可能转换到其它移动游戏。

　　更有意义的发现是承诺作为投资模型的核心构念，在不满、投资规模（习惯和桥接社会资本）和替代者质量（相对挑战）与转换意愿之间发挥着极其重要的间接作用。当玩家不太满意与当前的移动游戏的关系时，或者发现了更有吸引力的可替代的移动游戏时，如果他们认为自己已经在当前的移动游戏中投资了很多（如时间，精力，金钱），将更倾向于留在当前的移动游戏而不愿转换到其它移动游戏。

　　实证结果表明，本研究的框架与PPM模型与投资模型的研究结果保持了高度的一致性，证实了它们能够很好地应用于移动游戏情境。

5.局限性与未来研究方向

在解释本研究的结果时，考虑到几个限制是必要的：

首先，由于本研究的样本主要来源于某所大学，因此，样本可能与一般人群的分布存在偏差，未来的研究人员若能扩大样本范围可能将获得更普遍的解释。

其次，本研究关注的是移动游戏情境下的转换，不能确定研究结果的通用性。因此在将本研究框架扩展到更广泛的领域时，需要结合研究情境探索更适合的前因变量。

第三，本研究在考察可能影响承诺和转换意愿的前因变量时使用的是横断面的数据。意愿能够在一定程度上预测行为，但某些情况下意愿对实际行为的影响可能比较微弱（Bansal, Harvir S., 1999），因此无法确定报告了转换意愿的玩家未来是否会真的转换到其它移动游戏。另外，玩家对当前游戏的承诺更多地受到个人因素而不是组织因素的影响，缺乏经济或制度上的束缚的承诺很有可能随时因各种原因而改变。因此，未来的研究人员如果能够进行纵向的分析可能会得到更有趣的发现。

第四，在系泊因素中，仅仅发现了习惯能够调节"拉"因素（相对挑战）和转换意愿之间的关系，未来的研究者可以探索其它的更有价值的系泊因素对转换意愿的影响。

第五，本研究中，42.1%的玩家报告和同学、同事或朋友一起玩移动游戏，22.9%的玩家报告和其他人一起玩移动游戏。有研究证明来自家庭成员和同龄人的影响是个体对互联网的态度和行为的重要预测因子（Jiang, 2018），同伴影响是影响SNS用户转换意图的外在因素（Zengyan et al., 2009）。因此未来的研究者可以尝试将同伴的影响应用于PPM框架以更好地理解玩家的转换。

第六，随着5G技术的逐步普及和硬件设施的改善，云游戏为智能手机带来了游戏机和PC级别的体验，它将受到更多的玩家与游戏提供者的关注。未来的研究者可以关注云游戏玩家的动机以及他们在云游戏中的感受，以更好地促进云游戏的发展。

第七，在一项研究中发现移动游戏玩家51%为女性，而且女性玩移动游戏的频率高于男性（43%>38%）（McConnell, 2020）。McConnell（2020）指出移动游戏玩家的平均年龄为36.3岁，移动游戏玩家中16-24岁的占14.2%，而45岁以上的人则占近三分之一。未来的研究者可以根据移动游戏玩家的性别与年龄进行更深入的研究。

第八，一项研究数据显示，在中国的移动游戏玩家中，喜欢观看游戏解说的占44.5%，喜欢观看游戏直播的占三成以上（Iimedia, 2020）。因此，未来的研究者如果能够分析解说与直播对移动游戏玩家的影响，也将会是非常有意义的事。

参考文献

Ajzen, I. (1985). *From intentions to actions: A theory of planned behavior*. Berlin, Heidelberg: Springer.

Ajzen, I. (1987). Attitudes, traits, and actions: Dispositional prediction of behavior in personality and social psychology. *Advances in Experimental Social Psychology, 20*, 1-63. doi:10.1016/s0065-2601 (08)60411-6

Alshehri, A. F. (2017). Student satisfaction and commitment towards a blended learning finance course: A new evidence from using the investment model. *Research in International Business and Finance, 41*, 423-433. doi:10.1016/j.ribaf.2017.04.050

Amoroso, D., & Lim, R. (2017). The mediating effects of habit on continuance intention. *International Journal of Information Management, 37* (6), 693-702. doi:10.1016/j.ijinfomgt.2017.05.003

Analysis. (2020). China mobile game market analysis 2020 H1. https://www.analysys.cn/article/detail/20019905.

Anand, B., Thirugnanam, K., Sebastian, J., Kannan, P. G., Ananda, A. L., Chan, M. C., & Balan, R. K. (2011). *Adaptive display power management for mobile games*. The 9th international conference on Mobile systems, applications, and services.

Anderson, E., & Weitz, B. (1992). The use of pledges to build and sustain commitment in distribution channels. *Journal of Marketing Research, 29* (1), 18-34.

Antón, C., Camarero, C., & Carrero, M. (2007). The mediating effect of satisfaction on consumers' switching intention. *Psychology and Marketing, 24* (6), 511-538. doi:10.1002/mar.20171

APUS. (2020). Global mobile Internet user behavior in 2019. https://mp.weixin.qq.com/s?src=11&timestamp=158661940 6&ver=2272&signature=3Q68klhxTLNyrWb6jzPN0Gvt4sK O*LLCZHv5OfM135ey1HhUEVO5MHwm6ZQ6fDm26D og3wFBnoUIKVJobPU28UKQcOfnQYUIf7ZUTWprLVgkd Wp93RMK1pdBIPsRaZwK&new=1.

Aziz, F. K., & Mardhatillah, A. (2020). Factors determining shoe-brand switching intention among e-business customers: A comparative study between current and potential customers. *Southeast Asia Psychology Journal, 8* (2), 22-32.

Baabdullah, A. M. (2018). Consumer adoption of mobile social network games (M-SNGs) in Saudi Arabia: The role of social influence, hedonic motivation and trust. *Technology in Society, 53,* 91-102.

Baghaei, N., Nandigam, D., Casey, J., Direito, A., & Maddison, R.

(2016). Diabetic mario: Designing and evaluating mobile games for diabetes education. *Games for Health Journal, 5* (4), 270-278. doi:10.1089/g4h.2015.0038

Balakrishnan, J., & Griffiths, M. D. (2018). Loyalty towards online games, gaming addiction, and purchase intention towards online mobile in-game features. *Computers in Human Behavior, 87,* 238-246. doi:10.1016/j.chb.2018.06.002

Bansal, H. S. (1997). *Service switching model (SSM): A model of customer switching behavior in the services industry.* (PHD), Queen's University Kingston, Ontario Canada, (0-612-20548-7)

Bansal, H. S. (1999). The service provider switching model (SPSM): Amodel of consumer switching behavior in the services industry. *Journal of service Research, 2* (2), 200-218.

Bansal, H. S., & Duverger, P. (2013). Investigating the measures of relative importance in marketing research. *International Journal of Market Research, 55* (5), 675-694. doi:10.2501/ijmr-2013-057

Bansal, H. S., Irving, P. G., & Taylor, S. F. (2004). A three-component model of customer to service providers. *Journal of the Academy of Marketing Science, 32* (3), 234-250. doi:10.1177/0092070304263332

Bansal, H. S., Taylor, S. F., & James, Y. S. (2005). "Migrating" to new service providers: Toward a unifying framework of consumers switching behaviors. *Journal of the Academy of Marketing Science,*

33 (1), 96-115.

Baron, R. M., & Kenny, D. A. (1986). The moderator-mediator variable distinction in social psychological research: Conceptual, strategic, and statistical considerations. *Journal of Personality and Social Psychology, 51* (6), 1173-1182.

Becker, H. S. (1960). Notes on the concept of commitment. *The American Journal of Sociology, 66* (1), 32-40.

Bhattacherjee, A., Limayem, M., & Cheung, C. M. K. (2012). User switching of information technology: A theoretical synthesis and empirical test. *Information & Management, 49* (7-8), 327-333. doi:10.1016/j.im.2012.06.002

Bogue, D. J. (1977). A migrant's eye-view of the costs and benefits of migration to a metropolis. In A. A. Brown & E. Neuberger (Eds.), *Internal Migration: A Comparative Perspective* (pp. 167-182). New York: Academic Press.

Borbora, Z. H. (2015). *Computational analysis of churn in multiplayer online games.* (PHD), The University of Minnesota,

Bostan, B., & Öğüt, S. (2009). *Game challenges and difficulty levels: Lessons learned from RPGs.* International simulation and gaming association conference.

Bourdieu, P. (1986). The forms of capital. In t. R. Nice & G. Richardson (Eds.), *Handbook of theory and research for the sociology of education* (pp. 280-291). Westport: Greenwood Press.

Bridges, E., & Florsheim, R. (2008). Hedonic and utilitarian shopping goals: The online experience. *Journal of Business Research, 61* (4), 309-314. doi:10.1016/j.jbusres.2007.06.017

Broll, G., & Benford, S. (2005). *Seamful design for location-based mobile games.* International Conference on Entertainment Computing, Berlin, Heidelberg.

Buchanan, B. (1974). Building organizational commitment: The socialization of managers in work organizations. *Administrative Science Quarterly, 19* (4), 533-546.

Camponovo, L., & Otsu, T. (2015). Robustness of bootstrap in instrumental variable regression. *Econometric Reviews, 34* (3), 352-393.

CGIGC. (2020). China's game industry report for the third quarter of 2020. http://www.cgigc.com.cn/gamedata/22077.html.

Chang, B.-H., Lee, S.-E., & Kim, B.-S. (2016). Exploring factors affecting the adoption and continuance of online games among college students in South Korea. *New Media & Society, 8* (2), 295-319. doi:10.1177/1461444806059888

Chang, H. H., Wong, K. H., & Li, S. Y. (2017). Applying Push-Pull-Mooring to investigate channel switching behaviors: M-shopping self-efficacy and switching costs as moderators.

Electronic Commerce Research and Applications, 24, 50-67. doi:10.1016/j.elerap.2017.06.002

Chang, I. C., Liu, C.-C., & Chen, K. (2014). The Push, Pull and Mooring effects in virtual migration for social networking sites. *Information Systems Journal, 24* (4), 323-346. doi:10.1111/isj.12030

Cheng, S., Lee, S.-J., & Choi, B. (2019). An empirical investigation of users' voluntary switching intention for mobile personal cloud storage services based on the Push-Pull-Mooring framework. *Computers in Human Behavior, 92,* 198-215. doi:10.1016/j.chb.2018.10.035

China Internet Network Information Center. (2020). *The 46th China statistical report on internet developmen.* Retrieved from http://cnnic.cn/gywm/xwzx/rdxw/202009/W020200929343125745019.pdf

Chiu, W., Cho, H., & Chi, C. G. (2020). Consumers' continuance intention to use fitness and health apps: an integration of the expectation-confirmation model and investment model. *Information Technology & People, Ahead-of-print.* doi:10.1108/itp-09-2019-0463

Choi, J. (2016). *A study on factors affecting a customer's switching intention to pure-play Internet bank using the Push-Pull-Mooring model.* (Master), Seoul National University

Chuang, Y.-F. (2011). Pull-and-Suck effects in Taiwan mobile phone subscribers switching intentions. *Telecommunications Policy, 35* (2), 128-140. doi:10.1016/j.telpol.2010.12.003

Cristina, C.-P., Andrés, F.-M., & Manuel, N.-M. (2017). Satisfaction and switching intention in mobile services: Comparing lock-in and free contracts in the Spanish market. *Telematics and Informatics, 34* (5), 717-729. doi:10.1016/j.tele.2016.08.022

Dam, K. (2005). Employee attitudes toward job changes: An application and extension of Rusbult and Farrell's investment model. *Journal of Occupational and Organizational Psychology, 78* (2), 253-272. doi:10.1348/096317904x23745

Dibble, J. L., & Drouin, M. (2014). Using modern technology to keep in touch with back burners: An investment model analysis. *Computers in Human Behavior, 34,* 96-100. doi:10.1016/j.chb.2014.01.042

Djusmin, V. B., & Dirgahayu, R. T. (2019). Push Pull Mooring dan pyschological ownership terhadap perilaku beralih pengguna instant messaging. *Indonesian Journal of Information Systems, 2* (1), 1-12.

Domahidi, E., Festl, R., & Quandt, T. (2014). To dwell among gamers: Investigating the relationship between social online game use and gaming-related friendships. *Computers in Human Behavior, 35,* 107-115. doi:10.1016/j.chb.2014.02.023

Erturkoglu, Z., Zhang, J., & Mao, E. (2015). Pressing the play button: What drives the intention to play social mobile games? *International Journal of E-Business Research, 11* (3), 54-71. doi:10.4018/ijebr.2015070104

Fan, W., & Zhang, L. (2019). Does cognition matter? Applying the Push-Pull-Mooring model to Chinese farmers' willingness to withdraw from rural homesteads. *Papers in Regional Science, 98* (6), 2355-2369. doi:10.1111/pirs.12462

Fang, Y.-H., & Tang, K. (2017). Involuntary migration in cyberspaces: The case of MSN messenger discontinuation. *Telematics and Informatics, 34* (1), 177-193. doi:10.1016/j.tele.2016.05.004

Forward. (2020). Analysis on the current market situation and development prospect of China's mobile game industry in 2020. https://bg.qianzhan.com/trends/detail/506/200309-d87affde.html.

Foster, J. D. (2008). Incorporating personality into the investment model: Probing commitment processes across individual differences in narcissism. *Journal of Social and Personal Relationships, 25* (2), 211-223. doi:10.1177/0265407507087956

Fu, J.-R. (2011). Understanding career commitment of IT professionals: Perspectives of Push-Pull-Mooring framework and investment model. *International Journal of Information Management, 31* (3), 279-293. doi:10.1016/j.ijinfomgt.2010.08.008

Gao, S., Mokhtarian, P. L., & Johnston, R. A. (2008). Nonnormality of data in structural equation models. *Transportation Research Record, 2082* (1), 116-124.

García, I. S., & Rafael, C.-P. (2019). Is satisfaction a necessary and sufficient condition to avoid switching? The moderating role of service type. *European Journal of Management and Business Economics, 29* (1). doi:10.1108/ejmbe-02-2018-0035

Ghasrodashti, E. K. (2017). Explaining brand switching behavior using Pull-Push-Mooring theory and the theory of reasoned action. *Journal of Brand Management, 25* (4), 293-304. doi:10.1057/s41262-017-0080-2

Ghazali, E. M., Ngiam, E. Y.-L., & Mutum, D. S. (2019). Elucidating the drivers of residential mobility and housing choice behaviour in a suburban township via Push-Pull-Mooring framework. *Journal of Housing and the Built Environment, 35* (2), 633-659. doi:10.1007/s10901-019-09705-8

Granovetter, M. S. (1973). The strength of weak ties. *American Journal of Sociology, 78* (6), 1360-1380.

Ha, I., Yoon, Y., & Choi, M. (2007). Determinants of adoption of mobile games under mobile broadband wireless access environment. *Information & Management, 44* (3), 276-286. doi:10.1016/j.im.2007.01.001

Hair, J. F., Black, W. C., Babin, B. J., & Anderson, R. E. (2009). *Multivariate data analysis* (7th ed.). Upper Saddle River, NJ: Prentice Hall.

Haldorai, K., Kim, W. G., Pillai, S. G., Park, T., & Balasubramanian, K. (2019). Factors affecting hotel employees' attrition and turnover: Application of Pull-Push-Mooring framework. *International Journal of Hospitality Management, 83*, 46-55. doi:10.1016/j.ijhm.2019.04.003

Han, H., Kim, W., & Hyun, S. S. (2011). Switching intention model development: Role of service performances, customer satisfaction, and switching barriers in the hotel industry. *International Journal of Hospitality Management, 30* (3), 619-629. doi:10.1016/j.ijhm.2010.11.006

Hanifan, L. J. (1916). American academy of political and social science. In *The Annals of the American Academy of Political and Social Science* (Vol. 67, pp. 130-138).

Hayes, A. F. (2009). Beyond baron and kenny: Statistical mediation analysis in the new millennium. *Communication Monographs, 76* (4), 408-420. doi:10.1080/03637750903310360

Heberle, R. (1938). The causes of rural-urban migration a survey of German theories. *American Journal of Sociology, 43* (6), 932-950. doi:10.2307/2768689

Hootsuite. (2020). Digital 2020 global digital overview. https://datareportal.com/reports/digital-2020-global-digital-overview.

Hou, A., Shang, R.-A., Huang, C.-C., & Wu, K.-L. (2014). *The effects of Push-Pull-Mooring on the switching model for social network sites migration.* PACIS.

Hou, A. C. Y., Chern, C.-C., Chen, H.-G., & Chen, Y.-C. (2009). *Using demographic migration theory to explore why people switch between online games.* 2009 42nd Hawaii International Conference on System Sciences.

Hou, A. C. Y., Chern, C.-C., Chen, H.-G., & Chen, Y.-C. (2011). 'Migrating to a new virtual world': Exploring MMORPG switching through human migration theory. *Computers in Human Behavior, 27* (5), 1892-1903. doi:10.1016/j.chb.2011.04.013

Hou, J. (2011). Uses and gratifications of social games: Blending social networking and game play. *First Monday, 16,* 17. doi:https://doi.org/10.5210/fm.v16i7.3517

Howard, J. A., & Sheth, J. N. (1969). *The theory of buyer behavior.* New York: John Wiley and Sons.

Hsiao, K.-L., & Chen, C.-C. (2016). What drives in-app purchase intention for mobile games? An examination of perceived values and loyalty. *Electronic Commerce Research and Applications, 16,* 18-29. doi:10.1016/j.elerap.2016.01.001

Hsieh, J.-K., Hsieh, Y.-C., Chiu, H.-C., & Feng, Y.-C. (2012). Post-adoption switching behavior for online service substitutes: A perspective of the Push-Pull-Mooring framework. *Computers in Human Behavior, 28* (5), 1912-1920. doi:10.1016/j.chb.2012.05.010

Hsu, C., & Lu, H. (2004). Why do people play on-line games? An extended TAM with social influences and flow experience. *Information & Management, 41* (7), 853-868. doi:10.1016/j.im.2003.08.014

Hsu, J. S.-C. (2014). Understanding the role of satisfaction in the formation of perceived switching value. *Decision Support Systems, 59*, 152-162. doi:10.1016/j.dss.2013.11.003

Hsu, S. H., Lee, F.-L., & Wu, M.-C. (2005). Designing action games for appealing to buyers. *Cyberpsychology & Behavior, 8* (6), 585-591.

Hsu, S. H., Wen, M.-H., & Wu, M.-C. (2009). Exploring user experiences as predictors of MMORPG addiction. *Computers & Education, 53* (3), 990-999. doi:10.1016/j.compedu.2009.05.016

Huang, H.-C., Huang, L.-S., Chou, Y.-J., & Teng, C.-I. (2017). Influence of temperament and character on online gamer loyalty: Perspectives from personality and flow theories. *Computers in Human Behavior, 70*, 398-406. doi:10.1016/j.chb.2017.01.009

Huiras, J., & McMorris, B. (2000). Career jobs, survival jobs, and employee deviance: A social investment model of workplace misconduct. *The Sociological Quarterly, 41* (2), 245-263.

Hull, C. L. (1943). *Principles of behavior: An introduction to behavior theory.* New York: Appleton-Century Crofts.

Iimedia. (2020). 2019-2020 China online game industry annual report.

Isibor, O. F., & Odia, E. O. (2020). Adherents' switching behavior: exploring the Push-Pull-Mooring framework in the Christian religious market. *International Review on Public and Nonprofit Marketing,* 1-33. doi:10.1007/s12208-020-00261-4

Jiang, Q. (2018). Off the hook: Exploring reasons for quitting playing online games in China. *Social Behavior and Personality: an international journal, 46* (12), 2097-2112. doi:10.2224/sbp.7103

Johnson, H. G. (1960). The political economy of opulence. *Canadian Journal of Economics and Political Science, 26* (4), 552-564.

Jung, H. S., & Yoon, H. H. (2012). Why do satisfied customers switch? Focus on the restaurant patron variety-seeking orientation and purchase decision involvement. *International Journal of Hospitality Management, 31* (3), 875-884. doi:10.1016/j.ijhm.2011.10.006

Jung, J., Han, H., & Oh, M. (2017). Travelers' switching behavior in the airline industry from the perspective of the Push-Pull-Mooring framework. *Tourism Management, 59,* 139-153. doi:10.1016/j.tourman.2016.07.018

Jung, W., & Kim, T. (2016). What motivates users to play mobile phone games more? *Advanced Multimedia and Ubiquitous Engineering*, 9-14. doi:10.1007/978-981-10-1536-6_2

Kanter, R. M. (1968). Commitment and social organization: a study of commitment mechanisms in utopian communities. *American Sociological Review, 33* (4), 499-517. doi:10.2307/2092438

Kim, G., Shin, B., & Lee, H. G. (2006). A study of factors that affect user intentions toward email service switching. *Information & Management, 43* (7), 884-893. doi:10.1016/j.im.2006.08.004

Kim, H.-J., Han, C.-H., & B Suh, K.-C. K. (2005). A study on the factors affecting customer's intention to use the mobile game service. *The Journal of Society for e-Business Studies, 10* (1), 1-19.

Kim, H.-W., Chan, H. C., & Gupta, S. (2007). Value-based adoption of mobile internet: An empirical investigation. *Decision Support Systems, 43* (1), 111-126. doi:10.1016/j.dss.2005.05.009

Kim, M., & Kim, J. (2018). The effects of perceived online justice on relational bonds and engagement intention: Evidence from an online game community. *Computers in Human Behavior, 84*, 410-419. doi:10.1016/j.chb.2018.03.022

Kim, M. K., Kim, H. Y., & Kang, Y. A. (2018). Influence of gift-giving in social network games on social capital: Relationship types, gift-giving types, and the big five factors of personality. *International*

Journal of Human-Computer Interaction, 35 (1), 38-52. doi:10.108
0/10447318.2018.1426234

Kim, S., Choi, M. J., & Choi, J. S. (2019). Empirical study on the factors
affecting individuals' switching intention to augmented/virtual
reality content services based on Push-Pull-Mooring theory.
Information, 11 (1). doi:10.3390/info11010025

Kim, Y., Park, Y., & Choi, J. (2017). A study on the adoption of IoT
smart home service: Using value-based adoption model. *Total
Quality Management & Business Excellence, 28* (9-10), 1149-1165.
doi:10.1080/14783363.2017.1310708

Kim, Y. Y., Kim, M. H., & Oh, S. (2014). Emerging factors affecting
the continuance of online gaming: The roles of bridging and
bonding social factors. *Cluster Computing-the Journal of Networks
Software Tools and Applications, 17* (3), 849-859. doi:10.1007/
s10586-013-0316-1

Kinnunen, T., Aapaoja, A., & Haapasalo, H. (2014). Analyzing internal
stakeholders' salience in product development. *Technology and
Investment, 05* (02), 106-115. doi:10.4236/ti.2014.52011

Lai, J.-Y., Debbarma, S., & Ulhas, K. R. (2012). An empirical study
of consumer switching behaviour towards mobile shopping:
A Push-Pull-Mooring mode. *International Journal of Mobile
Communications, 10* (4), 386-404.

Lau, C. K. H., Chui, C. F. R., & Au, N. (2019). Examination of the adoption of augmented reality: A VAM approach. *Asia Pacific Journal of Tourism Research, 24* (10), 1005-1020. doi:10.1080/10941665.2019.1655076

Lazzaro, N. (2004). Why we play games: Four keys to more emotion without story. http://xeodesign.com/xeodesign_whyweplaygames.pdf.

Lebres, I., Rita, P., Moro, S., & Ramos, P. (2018). Factors determining player drop-out in massive multiplayer online games. *Entertainment Computing, 26,* 153-162. doi:10.1016/j.entcom.2018.02.010

Lee, E. S. (1966). A theory of migration. *Demography, 3* (1), 47-57.

Lee, I., Yu, C.-Y., & Lin, H. (2007). *Leaving a never-ending game: Quitting MMORPGs and online gaming addiction.* DiGRA Conference.

Li, X., & Petrick, J. F. (2008). Examining the antecedents of brand loyalty from an investment model perspective. *Journal of Travel Research, 47* (1), 25-34. doi:10.1177/0047287507312409

Li, Y., Liu, H., Lim, E. T. K., Goh, J. M., Yang, F., & Lee, M. K. O. (2018). Customer's reaction to cross-channel integration in omnichannel retailing: The mediating roles of retailer uncertainty, identity attractiveness, and switching costs. *Decision Support Systems, 109,* 50-60. doi:10.1016/j.dss.2017.12.010

Lian, S., Liu, Q., Sun, X., & Zhou, Z. (2018). Mobile phone addiction and college students' procrastination: Analysis of a moderated mediation model. *Psychological Development and Education, 34* (5), 595-604.

Liang, T.-P., & Yeh, Y.-H. (2010). Effect of use contexts on the continuous use of mobile services: The case of mobile games. *Personal and Ubiquitous Computing, 15* (2), 187-196. doi:10.1007/s00779-010-0300-1

Liao, G.-Y., Huang, H.-C., & Teng, C.-I. (2016). When does frustration not reduce continuance intention of online gamers? The expectancy disconfirmation perspective. *Journal of Electronic Commerce Research, 17* (1).

Lin, T. T. C., & Chiang, Y.-H. (2019). Bridging social capital matters to Social TV viewing: Investigating the impact of social constructs on program loyalty. *Telematics and Informatics, 43.* doi:10.1016/j.tele.2019.05.006

Lindell, M. K., & Whitney, D. J. (2001). Accounting for common method variance in cross-sectional research designs. *Journal of Applied Psychology, 86* (1), 114-121. doi:10.1037/0021-9010.86.1.114

Lintula, J., Tuunanen, T., Salo, M., & Myers, M. D. (2018). *When value co-creation turns to co-destruction: Users' experiences of augmented reality mobile games.* The 39th International Conference on Information Systems.

Listyarini, O., Haryanto, J. O., & Siahaan, B. C. (2009). The adoption of Push-Pull and Mooring model for small industry in Indonesia. *Jurnal Ekonomi dan Bisnis, XV* (1), 75-88.

Liu, J., & Lee, J. (2020). Factors analysis influencing the switching intention of Chinese mobile games based on Push-Pull-Mooring model. *Journal of Information Technology Applications and Management, 27* (5), 49-68. doi:10.21219/jitam.2020.27.5.049

Liu, Y., & Li, H. (2011). Exploring the impact of use context on mobile hedonic services adoption: An empirical study on mobile gaming in China. *Computers in Human Behavior, 27* (2), 890-898. doi:10.1016/j.chb.2010.11.014

Majava, J., Nuottila, J., Haapasalo, H., & Law, K. M. Y. (2014). Customer needs in market-driven product development: Product management and R&D standpoints. *Technology and Investment, 05* (01), 16-25. doi:10.4236/ti.2014.51003

Marx, K. (1849). *Wage-labour and capital.* New York: International Publishers.

Maslow, A. H. (1943). A theory of human motivation. *Psychological Review, 50* (4), 370-396. doi:10.1037/h0054346

Matyas, S., Matyas, C., Schlieder, C., Kiefer, P., Mitarai, H., & Kamata, M. (2008). *Designing location-based mobile games with a purpose: Collecting geospatial data with city explorer.* Proceedings of the 2008 international conference on advances in computer entertainment technology.

Mbawuni, J., & Nimako, S. G. (2016). Why dissatisfied mobile subscribers stay: Role of service use experience, commitment and corporate reputation. *International Business Research, 9* (6). doi:10.5539/ibr.v9n6p112

McConnell, N. (2020). Who's playing mobile games in 2020? Top tips for App publishers. https://www.mopub.com/en/blog/mobile-gaming-audience-top-tips-for-publishers.

Merikivi, J., Nguyen, D., & Tuunainen, V. K. (2016). *Understanding perceived enjoyment in mobile game context*. 2016 49th Hawaii International Conference on System Sciences (HICSS).

Merikivi, J., Tuunainen, V., & Nguyen, D. (2017). What makes continued mobile gaming enjoyable? *Computers in Human Behavior, 68*, 411-421. doi:10.1016/j.chb.2016.11.070

Meyer, J. P., & Allen, N. J. (1984). Testing the "side-bet theory" of organizational commitment: Some methodological considerations. *69* (3), 372-378. doi:10.1037/0021-9010.69.3.372

Meyer, J. P., & Allen, N. J. (1991). A three-component conceptualization of organizational commitment. *Human Resource Management Review, 1* (1), 61-89. doi:10.1016/1053-4822 (91)90011-z

Meyer, J. P., Allen, N. J., & Smith, C. A. (1993). Commitment to organizations and occupations: Extension and test of a three-component conceptualization. *Journal of Applied Psychology, 78* (4), 538-551. doi:10.1037/0021-9010.78.4.538

Moon, B. (1995). Paradigms in migration research exploring 'Moorings' as a schema. *Progress in human geography, 19* (4), 504-524.

Murray, K. B., & Häubl, G. (2007). Explaining cognitive lock-in: The role of skill-based habits of use in consumer choice. *Journal of Consumer Research, 34* (1), 77-88. doi:10.1086/513048

Newzoo. (2020). Global players will reach 2.7 billion in 2020, and the proportion of in-game revenue will continue to increase. https://www.zhanqi.tv/information/11979.html.

Nguyen, D. (2015). *Understanding perceived enjoyment and continuance intention in mobile games.* (Master), Aalto University

Nimako, S. G., & Ntim, B. A. (2015). Modelling the antecedents and consequence of consumer switching behaviour in Ghanaian mobile telecommunication industry. International Journal of *Business and Emerging Markets, 7* (1), 37-75.

Norris, P. (2002). The bridging and bonding role of online communities. *The Harvard International Journal of Press/Politics, 7* (3), 3-13. doi:10.1177/108118002129172601

Novak, T. P., Hoffman, D. L., & Yung, Y.-F. (1998). *Modeling the structure of the flow experience among web users.* INFORMS Marketing Science and the Internet Mini-Conference.

Odrowska, A. M., & Massar, K. (2014). Predicting guild commitment in World of Warcraft with the investment model of commitment. *Computers in Human Behavior, 34,* 235-240. doi:10.1016/j.chb. 2014.02.005

Ojiaku, O. C., Nkamnebe, A. D., & Nwaizugbo, I. C. (2018). Determinants of entrepreneurial intentions among young graduates: Perspectives of push-pull-mooring model. *Journal of Global Entrepreneurship Research, 8* (1). doi:10.1186/s40497-018-0109-3

Oliver, R. L. (1980). A cognitive model of the antecedents and consequences of satisfaction decisions. *Journal of Marketing Research, 17* (4), 460-469.

Oliver, R. L. (1993). Cognitive, affective and attribute bases of the satisfaction response. *Journal of Consumer Research, 20* (3), 418-430.

Park, S. C., & Ryoo, S. Y. (2013). An empirical investigation of end-users' switching toward cloud computing: A two factor theory perspective. *Computers in Human Behavior, 29* (1), 160-170. doi:10.1016/j.chb.2012.07.032

Parra-Camacho, D., Alonso Dos Santos, M., & Gonzalez-Serrano, M. H. (2020). Amateur runners' commitment: an analysis of sociodemographic and sports habit profiles. *Int J Environ Res Public Health, 17* (3), 925. doi:10.3390/ijerph17030925

Ping, R. A., & JR. (1993). The effects of satisfaction and structural constraints on retailer exiting, voice, loyalty, opportunism, and neglect. *Journal of Retailing, 69* (3), 320-352.

Przybylski, A. K. (2019). Exploring adolescent cyber victimization in mobile games: Preliminary evidence from a British cohort. *CyberPsychology & Behavior, 22* (3), 227-231. doi:10.1089/ cyber.2018.0318

Putnam, D. E., Finney, J. W., Barkley, P. L., & Bonner, M. J. (1994). Enhancing commitment improves adherence to a medical regimen. *Journal of Consulting and Clinical Psychology, 62* (1), 191-194. doi:10.1037/0022-006X.62.1.191

Putnam, R. D. (2000). Thinking about social change in America. In *Bowling alone the collapse and revival of American community* (pp. 541). New York: Simon and Schuster.

Ramírez-Correa, P., Rondán-Cataluña, F. J., Arenas-Gaitán, J., & Martín-Velicia, F (2019). Analysing the acceptation of online games in mobile devices: An application of UTAUT2. *Journal of Retailing and Consumer Services, 50*, 85-93. doi:10.1016/ j.jretconser.2019.04.018

Ravenstein, E. G. (1885). The laws of migration. *Journal of the Statistical*

Society of London, 48 (2), 167-235. doi:10.2307/2979181

Ravenstein, E. G. (1889). The laws of migration. *Journal of the Royal Statistical Society, 52* (2), 241-305.

Reer, F., & Kramer, N. C. (2017). The connection between introversion/extraversion andsocial capital outcomes of playing World of Warcraft. *Cyberpsychol, Behavior, and Social Networking, 20* (2), 97-103. doi:10.1089/cyber.2016.0439

Reer, F., & Kramer, N. C. (2019). Are online role-playing games more social than multiplayer first-person shooters? Investigating how online gamers' motivations and playing habits are related to social capital acquisition and social support. *Entertainment Computing, 29,* 1-9. doi:10.1016/j.entcom.2018.10.002

Rusbult, C. E. (1980). Commitment and satisfaction in romantic associations: A test of the investment model. *Journal of experimental social psychology, 16,* 172-186

Rusbult, C. E. (1983). A longitudinal test of the investment model: The development (and deterioration) of satisfaction and commitment in heterosexual involvements. *Journal of Personality and Social Psychology, 45* (1), 101-117.

Rusbult, C. E., Agnew, C., & Arriaga, X. (2011). The Investment model of commitment Processes. *Handbook of Theories of Social Psychology.*

Rusbult, C. E., & Martz, J. M. (1995). Remaining in an abusive relationship: An investment model analysis of Nonvoluntary dependence. *Personality and Social Psychology Bulletin, 21* (6), 558-571.

Rusbult, C. E., Martz, J. M., & Agnew, C. R. (1998). The investment model scale: Measuring commitment level, satisfaction level, quality of alternatives, and investment size. *Personal Relationships, 5,* 357-391.

Rusbult, C. E., Verette, J., Whitney, G. A., Slovik, L. F., & Lipkus, I. (1991). Accommodation processes in close relationships: Theory and preliminary empirical evidence. *Journal of Personality and Social Psychology, 60* (1), 53-78.

Setterstrom, A. J., & Pearson, J. M. (2019). Social influence and willingness to pay for massively multiplayer online games: An empirical examination of social identity theory. *Communications of the Association for Information Systems, 44,* 34-61. doi:10.17705/1cais.04402

Sharabi, L. L., & Timmermans, E. (2020). Why settle when there are plenty of fish in the sea? Rusbult's investment model applied to online dating. *New Media & Society.* doi:10.1177/1461444820937660

Sharma, N., & Patterson, P. G. (2000). Switching costs, alternative attractiveness and experience as moderators of relationship commitment in professional, consumer services. *International*

Journal of Service Industry Management, 11 (5), 470-490. doi:10.1108/09564230010360182

Son, S., Kang, A. R., Kim, H. C., Kwon, T., Park, J., & Kim, H. K. (2012). Analysis of context dependence in social interaction networks of a massively multiplayer online role-playing game. *Plos One, 7* (4). doi:10.1371/journal.pone.0033918

Spikol, D., & Milrad, M. (2008). *Combining physical activities and mobile games to promote novel learning practices.* Fifth IEEE International Conference on Wireless, Mobile, and Ubiquitous Technology in Education (wmute 2008).

Stevens, J. M., Beyer, J. M., & Trice, H. M. (1978). Assessing personal, role, and organizational predictors of managerial commitment. *Academy of Management Journal, 21* (3), 380-396. doi:10.2307/255721

Sun, Y., Liu, D., Chen, S., Wu, X., Shen, X.-L., & Zhang, X. (2017). Understanding users' switching behavior of mobile instant messaging applications: An empirical study from the perspective of Push-Pull-Mooring framework. *Computers in Human Behavior, 75,* 727-738. doi:10.1016/j.chb.2017.06.014

Susanty, A., Handoko, A., & Puspitasari, N. B. (2020). Push-Pull-Mooring framework for e-commerce adoption in small and medium enterprises. *Journal of Enterprise Information Management, 33* (2), 381-406. doi:10.1108/jeim-08-2019-0227

Synodinos, C., Price, D., & Bevan-Dye, A. (2017). The influence of flow, subjective norms and attitude on generation Y students' adoption intentions toward mobile games. *International Journal of eBusiness and eGovernment studies, 9* (2), 72-87.

Talukder, M. S., Chiong, R., Bao, Y., & Hayat Malik, B. (2019). Acceptance and use predictors of fitness wearable technology and intention to recommend: An empirical study. *Industrial Management & Data Systems, 119* (1), 170-188. doi:10.1108/imds-01-2018-0009

Teng, C.-I., Chen, M.-Y., Chen, Y.-J., & Li, Y.-J. (2012). Loyalty due to others: The relationships among challenge, interdependence, and online gamer loyalty. *Journal of Computer-Mediated Communication, 17* (4), 489-500. doi:10.1111/j.1083-6101.2012.01586.x

Teng, C.-I., & Chen, W.-W. (2014). Team participation and online gamer loyalty. *Electronic Commerce Research and Applications, 13* (1), 24-31. doi:10.1016/j.elerap.2013.08.001

Teng, C. I. (2013). How do challenges increase customer loyalty to online games? *Cyberpsychol, Behavior, and Social Networking, 16* (12), 884-891. doi:10.1089/cyber.2012.0182

Tokunaga, R. S. (2016). Interpersonal surveillance over social network sites. *Journal of Social and Personal Relationships, 33* (2), 171-190. doi:10.1177/0265407514568749

Triandis, H. C. (1977). *Interpersonal behavior*. Monterey, CA: Brooks/ Cole Publishing Company.

Uleman, J. S., & Bargh, J. A. (1989). *Conditional automaticity: Varieties of automatic influence in social perception and cognition.* New York: Guilford Press.

Uysal, A. (2016). Commitment to multiplayer online games: An investment model approach. *Computers in Human Behavior, 61*, 357-363. doi:10.1016/j.chb.2016.03.028

V. Venkatesh, J. T., X. Xu,. (2012). Consumer acceptance and use of information technology. *MIS Quarterly, 36* (1), 157-178.

Verplanken, B. (1997). Habit, information acquisition, and the process of making travel mode choices. *European Journal of Social Psychology, 27* (5), 539-560. doi:10.1002/ (SICI)1099-0992 (199709/10)27:5<539::AID-EJSP831>3.0.CO;2-A

Wang, S., Wang, J., & Yang, F. (2020). From willingness to action: Do Push-Pull-Mooring factors matter for shifting to green transportation? *Transportation Research Part D: Transport and Environment, 79*. doi:10.1016/j.trd.2020.102242

Wang, W., Li, F., & Zhang, Y. (2021). Price discount and price dispersion in online market: do more firms still lead to more competition? *Journal of theoretical and applied electronic commerce research, 16* (2), 164-178. doi:10.4067/s0718-18762021000200111

Wang, X.-z. (2018). *Review of research on online users' switching behavior.* Network and Artificial Intelligence.

Wang, X. (2018). *The research on the influence of social capital on game users perceived value.* (Master), Yunnan University of Finance and Economics, Available from Cnki

Wei, H., Wu, N., Wang, T., Zhou, Z., Cui, N., Xu, L., & Yang, X. (2017). Be loyal but not addicted: Effect of online game social migration on game loyalty and addiction. *Journal of Consumer Behaviour, 16* (4), 343-351. doi:10.1002/cb.1637

Wei, P.-S., & Lu, H.-P. (2014). Why do people play mobile social games? An examination of network externalities and of uses and gratifications. *Internet Research, 24* (3), 313-331. doi:10.1108/ IntR-04-2013-0082

Winking, J., Eastwick, P. W., Smith, L. K., & Koster, J. (2018). Applicability of the Investment Model Scale in a natural-fertility population. *Personal Relationships, 25* (4), 497-516. doi:10.1111/ pere.12257

Wirtz, J., Xiao, P., Chiang, J., & Malhotra, N. (2014). Contrasting the drivers of switching intent and switching behavior in contractual service settings. *Journal of Retailing, 90* (4), 463-480. doi:10.1016/j.jretai.2014.07.002

Wu, K., Vassileva, J., & Zhao, Y. (2017). Understanding users' intention to switch personal cloud storage services: Evidence from the Chinese market. *Computers in Human Behavior, 68*, 300-314. doi:10.1016/j.chb.2016.11.039

Xiao, X., & Caporusso, N. (2018). *Comparative evaluation of cyber migration factors in the current social media landscape*. 2018 6th International Conference on Future Internet of Things and Cloud Workshops.

Xu, S. (2019). Prioritizing relationships: The investment model and relationship maintenance strategies in organizational crises. *Public Relations Review, 45* (3). doi:10.1016/j.pubrev.2019.05.003

Xu, X., Li, H., Heikkilä, J., & Liu, Y. (2013). *Exploring individuals' switching behaviour: An empirical investigation in social network games in China*. Bled eConference.

Xu, Y., Yang, Y., Cheng, Z., & Lim, J. (2014). Retaining and attracting users in social networking services: An empirical investigation of cyber migration. *The Journal of Strategic Information Systems, 23* (3), 239-253. doi:10.1016/j.jsis.2014.03.002

Yang, S.-C., Chang, R.-M., & Hsu, C.-J. (2019). *Post-purchase dissonance of mobile games consumer*. International Conference on Multidisciplinary Social Networks Research, Singapore.

Ye, C., & Potter, R. (2007). *The role of habit in post-adoption switching of personal information technologies: A Push, Pull and*

Mooring model. DIGIT 2007 Proceedings.

Ye, C., & Potter, R. (2011). The role of habit in post-adoption switching of personal information technologies: An empirical investigation. *Communications of the Association for Information Systems, 28,* 585-610. doi:10.17705/1cais.02835

Yee, N. (2006). Motivations for play in online games. *CyberPsychology & behavior, 9* (6), 772-775.

Zengyan, C., Yinping, Y., & Lim, J. (2009). *Cyber migration: An empirical investigation on factors that affect users' switch intentions in social networking sites.* 2009 42nd Hawaii International Conference on System Sciences.

Zhong, Z.-J. (2014). Civic engagement among educated Chinese youth: The role of SNS (Social Networking Services), bonding and bridging social capital. *Computers & Education, 75,* 263-273. doi:10.1016/j.compedu.2014.03.005

Zhou, T. (2012). Understanding the effect of flow on user adoption of mobile games. *Personal and Ubiquitous Computing, 17* (4), 741-748. doi:10.1007/s00779-012-0613-3

Zhu, Y., Dailey, S. L., Kreitzberg, D., & Bernhardt, J. (2017). "Social networkout": Connecting social features of wearable fitness trackers with physical exercise. *Journal of Health Communication, 22* (12), 974-980. doi:10.1080/10810730.2017.1382617

附录（调查问卷）

影响移动游戏玩家转换意愿的因素调查

本次调查的目的是研究中国移动游戏玩家从一款移动游戏转向另一款移动游戏的影响因素，期待您的意见。

问卷中的项目只是描述了不同角度的观点，没有对错之分。

本问卷不收集敏感的个人／身份信息，并承诺不会将您的信息泄露给与本研究无关的任何人。

感谢您的参与。

第一部分　基本信息

1　我的性别是：

①男

②女

2　我的年龄是：

①18-25岁

②26-30岁

③31岁及以上

3 我的学历是：

　　①大学专科及以下

　　②大学本科

　　③研究生

4 我的职业是：

　　①学生

　　②职员

5 我每月的可支配收入是

　　①2000元以下

　　②2000-4000元

　　③4001-6000元

　　④6001-8000元

　　⑤8000元以上

第二部分　游戏行为

6 这款移动游戏我已经玩了：

　　①不到1个月

　　②1-6月

　　③6-12个月

　　④1-2年

　　⑤2年以上

7 最近2个月，每周我平均玩这款移动游戏的天数是：
①0天
②1-2天
③3-4天
④5-6天
⑤每天都玩

8 最近2个月，每天我平均玩这款移动游戏的时间大
约是：
①不到1小时
②1-2个小时
③2小时以上

9 在这款游戏中，我是否加入了氏族／工会等组织：
①是
②否

10经常陪我一起玩移动游戏的人是：
①同学／同事／朋友
②自己
③其他人

11最近2个月，除了这款移动游戏，我同时还在玩的
其它移动游戏的数量是：

①0款

②1款

③2款及以上

第三部分　问卷的测量题项

序号	测量题项	从强烈不同意到强烈同意				
1	DSA1: 我玩当前的移动游戏是不明智的选择	①	②	③	④	⑤
2	DSA2: 我现在玩的移动游戏并不符合我的期望	①	②	③	④	⑤
3	DSA3: 我不喜欢玩现在的移动游戏	①	②	③	④	⑤
4	HA1: 玩当前的移动游戏是我不需要记住的一件事	①	②	③	④	⑤
5	HA2: 玩当前的移动游戏是很自然的事	①	②	③	④	⑤
6	HA3: 我常常不知不觉地就开始玩现在的移动游戏	①	②	③	④	⑤
7	BSC1: 当前的移动游戏让我觉得自己是更大社区的一部分	①	②	③	④	⑤
8	BSC2: 当前的移动游戏让我意识到世界上的每个人都是相互联系的	①	②	③	④	⑤
9	BSC3: 当前的移动游戏让我对世界上的其它地方感到好奇	①	②	③	④	⑤
10	RC1: 其它移动游戏可以使我的能力达到极限	①	②	③	④	⑤

序号	测量题项	从强烈不同意 到强烈同意				
11	RC2: 其它移动游戏可以提高我的技能	①	②	③	④	⑤
12	RC3: 其它移动游戏能够很好地测试我的技能	①	②	③	④	⑤
13	CO1: 如果我离开当前的移动游戏，我没有更多的选择可以考虑	①	②	③	④	⑤
14	CO2: 现在，即使我想离开现在的移动游戏也很困难	①	②	③	④	⑤
15	CO3: 如果我决定离开当前的移动游戏，我的生活可能会被打乱	①	②	③	④	⑤
16	SI1: 我计划转换到其它移动游戏	①	②	③	④	⑤
17	SI2: 我转换到其它移动游戏的可能性很高	①	②	③	④	⑤
18	SI3: 我决定转换到其它移动游戏	①	②	③	④	⑤

国家图书馆出版品预行编目

中国移动游戏玩家为什么会转换？：基于推-拉-系泊(Push-Pull-Mooring)模型与投资模型的实证研究/刘静著. – 台北市：猎海人，2021.07
170面；14.8 x 21公分
正体题名：中国移动游戏玩家为什么会转换？：基于推-拉-系泊(Push-Pull-Mooring)模型与投资模型的实证研究
ISBN 978-986-06560-5-3(平装)

1. 统计学　2. 统计分析　3. 移动游戏

510   110010915

中国移动游戏玩家为什么会转换？

——基于推-拉-系泊（Push-Pull-Mooring）模型与投资模型的实证研究

作　　者／刘　静
出版策划／猎海人
制作销售／秀威资讯科技股份有限公司
　　　　　114 台北市内湖区瑞光路76巷69号2楼
　　　　　电话：+886-2-2796-3638
　　　　　传真：+886-2-2796-1377
网络订购／秀威书店：https://store.showwe.tw
　　　　　博客来网路书店：https://www.books.com.tw
　　　　　三民网路书店：https://www.m.sanmin.com.tw
　　　　　读册生活：https://www.taaze.tw

出版日期／2021年7月
字　　数／11万字
定　　价／300元（台币）